# YÜZ BİLGELİK HİKÂYESİ

*Sufî okulları tarafından, içgörünün sıradan idrakin ötesinde geçmesi ve gelişmesi için kullanılan hikâyeler, kıssalar ve anlatılar.*

**İDRİS ŞAH VAKFI**
LONDRA

## THE HUNDRED TALES OF WISDOM

Copyright © 1978, 2021 Merhum İdris Şah'a aittir.

Bu çalışmanın sahibi olarak merhum İdris Şah'ın mülkiyet hakları, Copyright, Designs and Patents Act, 1988 uyarınca beyan edilmiştir.

*Tüm hakları saklıdır. Tüm dünya için telif hakları alınmıştır.*

Bu kitabın herhangi bir kısmı, öncesinde yayıncıdan, Octagon Press Ltd.'den yazılı izin alınmadan herhangi bir formda ya da elektronik, mekanik ya da fotoğrafik bir yolla, mevcut veya ileride icat edilecek veya geliştirilecek herhangi bir bilgi saklama ve geri getirme sistemi veya yöntemi ile çoğaltılamaz ya da paylaşılamaz. Bir gazete, süreli yayın ya da radyo veya televizyon programında ele alınmak üzere değerlendirme yazısında alıntılanan kısa pasajlar istisnadır.

Yeniden basım, çoğaltım vs. ile ilgili izinler için:
Permissions Department, The Idries Shah Foundation
www.idriesshahfoundation.org

ISBN 978-1-78479-446-0

İlk Baskı: 1978
Bu Sürümde İlk Baskı: 2021

# YÜZ BİLGELİK HİKÂYESİ

Eflâkî'nin *Ariflerin Menkıbeleri*'nden alınan, Mevlânâ Celâleddîn-i Rûmî'nin hayatına, öğretilerine ve mucizelerine dair kıssalar ve Mevlânâ'nın "Yüz Bilgelik Hikâyesi" olarak bilinen eserlerinden önemli hikâyeler.

### Farsçadan Çevirerek Sunan:
### İDRİS ŞAH

**Türkçeye Çeviren: Gülnihal Kafa**

İDRİS ŞAH VAKFI
LONDRA

# İçindekiler

| | |
|---|---|
| Mevlânâ'nın Çocukluğu ve Gençliği | 9 |
| Yeşil Cübbeli Varlıklar | 11 |
| Seyyid Burhaneddin, Rûmî'ye İdrak Gücünü Aktarır | 13 |
| Kilikyalı Keşişler | 14 |
| Esrarengiz Şems-i Tebrîzî'nin Ortaya Çıkışı | 15 |
| Seyyid Burhaneddin'in Öğretileri | 16 |
| Şemseddin'in Gördüğü Hayal | 18 |
| Mistik Hazinelerin Sarrafı | 19 |
| Tebrizli Üstat Ortadan Kaybolur | 21 |
| Altı Hayalet ve Çiçekler | 23 |
| Cinler ve Işıklar | 25 |
| Savaşa Doğru Gizli Bir Sefer | 26 |
| Zengin Tüccar ve Batılı Derviş | 27 |
| Parıldayan Gözler | 29 |
| Kitaplar ve Kitaplardaki Deruni Anlamlar | 32 |
| Sema | 33 |
| Yol | 33 |
| Papağan ve Kel Adam | 34 |
| Bir Kavga | 34 |
| Dilbilgisi Uzmanı ve Kuyu | 35 |
| Derviş ve Deve | 36 |
| Eşek | 37 |
| Dünyevi Kayıplar | 39 |
| Şeref Yeri | 40 |
| İlaçların Mucizesi | 43 |
| Kanın Mucizesi | 45 |
| Neden Bilgeler Evliyalardan Bahseder | 46 |
| Soğuğa Dayanıklı | 47 |
| Asi Nefsçç | 47 |
| Bir Müridi Kabul Etmek | 48 |
| Müritlerin Yetersizliği | 49 |
| Telepatik Ziyaret | 50 |
| Zengin ve Fakir | 52 |
| Bir Şehrin İsmi | 53 |
| Merdiven ve Halat | 54 |
| Keşiş ve Mucize | 55 |
| Batınî Benliğini Mükemmelleştirmek | 57 |
| Yakuta Dönen Taş | 58 |
| Demir Ayakkabılar | 60 |
| Eğer Allah İzin Verirse | 61 |
| Mistik Vecd | 61 |
| Mevlânâ'yı Ziyaret | 62 |
| Gizemli Uçuş | 63 |
| Büyük Bir Bütünün Parçası | 64 |

| | |
|---|---:|
| Sarsıntılar | 65 |
| Alçakgönüllülük | 66 |
| Nezaket | 67 |
| Affedicilik | 69 |
| Manevi Göz | 69 |
| Pazar Yeri | 70 |
| Kendini Kandırma | 71 |
| Zenginlik ve Yoksulluk | 72 |
| Nur | 73 |
| Köpek Seyirciler | 74 |
| Mucizevi Sürme | 75 |
| Zihin Okuma | 76 |
| Bütün İnsanoğlu | 77 |
| Özel Bir İnayet | 78 |
| Meyve Ağaçları | 79 |
| Hafıza ve Eylem | 80 |
| Aşikâr Olan ve Gizli Olan | 81 |
| Hac Mucizesi | 82 |
| Son Hutbe | 83 |
| Ölümü Hatırlamak | 84 |
| Kaplıcalarda | 85 |
| Kasaplardan Saklanan İnek | 86 |
| Yol Nerden Geçer? | 87 |
| Toprak Ana | 88 |
| Eserini Kabul Et | 89 |
| Mumların Mucizesi | 91 |
| Mülkiyetin Anlamı | 92 |
| İdrak Eden Göz | 93 |
| İlim İnsanındaki Kötüyü Görmek | 94 |
| Köpekler ve İnsanlar | 95 |
| Altın Sikkeler | 96 |
| Gizli Derviş | 97 |
| "Ölmeden Önce Ölünüz" | 98 |
| Benzer Sonuçlar Benzer Sebeplerden Gelişir | 98 |
| Bana Bütünü Ver, Parçaları Değil | 99 |
| Kral ve Cariye | 100 |
| Sevgililer | 101 |
| Çalıntı Yılan | 101 |
| İsa ve İsim | 102 |
| Sufî ve Eşek | 102 |
| Yaşlı Kadın ve Doğan | 103 |
| Bilge ve Helva | 104 |
| İnek ve Aslan | 105 |
| Sufî ve Uşak | 106 |
| Müflis ve Deve | 107 |
| Su ve Susamış Adam | 108 |
| Deli Zünnun | 109 |
| Bilge ve Uyuyan Adam | 110 |

| | |
|---|---|
| Ayı | 111 |
| Bahçıvan ve Üç Adam | 112 |
| Hayat Kadınıyla Evlenen Derviş | 114 |
| Kralın Doğanı ve Baykuşlar | 114 |
| Zihnin Manipülasyonu | 115 |
| Aşk Şiirleri | 116 |
| Kralın Kölesi | 117 |
| Bilge Öğretmenin Hikâyesi | 118 |
| Hindistan'dan Gelen Arayıcının Hikâyesi | 119 |

# MEVLÂNÂ'NIN ÇOCUKLUĞU VE GENÇLİĞİ

Rivayete göre Mevlânâ Celâleddîn-i Rûmî yalnızca beş yaşındayken, sıkıntılı bir ruh hâli içerisinde uykusundan uyanıverip yatağında doğrulurmuş. Çünkü aniden bir şeyler görürmüş; gördükleri arasında Cebrail gibi, Meryem Ana gibi, Hz. İbrahim gibi ilahi şahsiyetler varmış. Böylesi bir ruh hâlindeyken babasının müritleri onu "yatıştırırmış". Mübarek babası Bahâeddin Veled, ona "Hüdavendigâr" unvanını vermiş.

Mevlânâ, Hicrî 604 yılının Rebiülevvel ayının 6. gününde Afganistan'ın Belh şehrinde dünyaya gelmiş.

Hikâye: Şeyh Bedreddin Nakkaş el-Mevlevî şöyle rivayet eder: "Sultan Veled'den duyduğuma göre, Sultan Veled, Mübarek Bahâeddin Veled'in meşhur el yazısıyla tuttuğu notları arasında karalanmış birkaç satır görmüş. Yazılanlara göre, Mevlânâ henüz altı yaşındayken yaşıtlarıyla beraber evlerinin damında oyun oynuyormuş. Oyun esnasında çocuklardan biri, bir damdan diğer dama atlamayı teklif etmiş. Mevlânâ bu tür oyunların kedilere ve köpeklere göre olduğunu, böyle kendilerine yakışmayacak derecede aşağı uğraşlarla meşgul olmanın utanç verici olduğunu söylemiş. 'Asıl gökyüzüne çıkıp meleklerle oynayalım!' diye haykırmış. Bunu söyledikten sonra ise küçük arkadaşlarının gözlerinin önünden kayboluvermiş. Şaşkına dönen çocuklar yaygarayı koparmışlar, böylece herkes olaydan haberdar olmuş. Birkaç dakika geçtikten sonra, Mevlânâ benzi atmış ve biraz korkmuş bir şekilde tekrar ortaya çıkmış ve şöyle demiş: 'Sizinle konuşurken yeşil cübbeler giymiş bir grup adam gökyüzünden bana doğru geldi ve beni gökyüzüne taşıyıp semavi yerlere götürdüler. Uçarken sizin bağrışlarınızı duydum, sonra bahsettiğim varlıklar beni size geri getirdiler.'

O kadar küçük yaştayken bile, pek çok evliya gibi o da yalnızca üç dört günde bir ya da haftada bir yemek yerdi."

Başka bir rivayete göre, Mevlânâ'nın babası Bahâeddin Veled, oğlunun "asil bir soya mensup gerçek bir şehzade" olduğunu, çünkü büyükannesi Şemsül Eimme'nin, Dördüncü Büyük Halife Seyyid Ali'nin soyundan gelen Seyyid Şemseddin Serahsî'nin kızı olduğunu; annesinin de Belh Kralı Harezmşah'ın kızı olduğunu ve kendisinin (Bahâeddin'in) büyükbabasının annesinin ise Belh Kralı'nın kızı olduğunu söylermiş. Bu da bize Mevlânâ'nın, hem maddi hem de manevi anlamda önemli bağlantıları olduğunu gösteriyor.

Diğer bir rivayete göre, Mevlânâ'nın kendisi yedi yaşından beri Kuran'ın[1] şu ayetini zihninde döndürdüğünü söylermiş:

Şüphesiz biz sana Kevser'i verdik. O halde Rabbin için namaz kıl ve kurban kes! Doğrusu sana buğzeden, soyu kesik olanın ta kendisidir.

Sonra da tefekkür içerisinde çokça gözyaşı dökermiş. "Rabbim nurunu kalbime yerleştirdi ve bir ses bana şunları söyledi: 'Ey Celâleddîn, Bizim Ululuğumuz adına artık kendini gereksiz yere manevi sıkıntılara sokma, çünkü müşahade kapıları sana açıldı.' Bunun üstüne sınırsız bir şükran duygusuna boğuldum. Benimle temas eden herkesi aydınlatabilmek istedim."

*Dize:* Tüm varlığım Üstadın elleriyle bağlanmış mistik bir lirin tek bir teli gibi... Büyük zorlukların üstesinden geldim ve Yol'u dostlarım için kolay kıldım.

---

[1] 108. Sure: Kevser

# YEŞİL CÜBBELİ VARLIKLAR

Rivayete göre, babası öldükten iki sene sonra Mevlânâ, maddi ve manevi ilimlerdeki eğitimini tamamlamak için Suriye'ye doğru yola çıkmış. Bu yolculuk esnasında Halep'e ilk ziyaretini gerçekleştirmiş ve burada Halaviye olarak bilinen bir medresede kalmış. Babasının müritleri onu selamlamak, isteklerini yerine getirmek için yanına gelmişler. Mevlânâ, uzun bir zaman bu şehirde kalmış. O zamanlar Halep Emiri olan ve takvası ve bilgisi ile tanınan Kemaleddin Adîm, Mevlânâ'ya bağlanmış ve sık sık onu ziyarete gelmiş. Emir'in Mevlânâ'ya böyle bağlanmasının en önemli nedeni, Mevlânâ'nın büyük bir manevi şahsiyetin oğlu olduğunu bilmesi ve Mevlânâ'nın dikkat çeken bir anlama ve öğrenme kapasitesi olmasıymış. Mevlânâ'nın öğretmenleri onun derslerine özel bir ihtimam gösterirmiş, bu yüzden de sınıftaki diğer öğrenciler Mevlânâ'nın ilahi ilimlerde kaydettiği ilerlemeyi kıskanırmış.

Başka bir rivayete göre, Medrese başmüderrisi, şehrin yöneticisine Mevlânâ'nın sık sık gecenin bir yarısı odasından kayboluverdiğini söyleyip şikâyet etmiş. Emir Kemaleddin, Mevlânâ'nın gece yarısı tekrar tekrar böyle kaybolduğunu duyunca rahatsız olmuş. Gerçekte neler olup bittiğini öğrenmeye karar vermiş. Bir gece, saatler gece yarısını gösterdiği vakitte Mevlânâ'nın medreseden çıktığı görülmüş, Kemaleddin de onu gizlice takip etmiş. Şehrin kapısına vardıklarında kapı kendiliğinden açılmış ve Mevlânâ şehirden çıkıp kaygısız bir şekilde İbrahim Halil ür-Rahman camisine doğru yürümüş. Sonrasında Kemaleddin'in önünde beyaz kubbeli bir bina belirmiş. Bina Kemaleddin'in daha önce hiç görmediği yeşil cübbeli adamlarla doluymuş. Bu yabancıların Mevlânâ'yı selamladıklarını görmüş. Bu manzara karşısında eli ayağı boşalan Emir bayılmış ve ertesi gün kuşluk vaktine kadar bilinçsiz bir şekilde orada yatmış. Kendine geldiğinde ne kubbeli bina ne de gece binada toplanan insanlar varmış. Afallamış bir şekilde gecenin karanlığı onu sarmalayana kadar tüm gün çölde dolanmış durmuş. İki gün ve gece boyunca bu ruh hâlinden çıkamamış. Emir'in askerleri onu iki gün boyunca görmeyince efendilerinin güvenliğinden endişe etmeye başlamışlar. Onu bulmaları için bir arama ekibi gönderilmiş. Ellerindeki tek bilgi, birkaç gün önce medresede Mevlânâ'nın geceleri dışarı çıkmasıyla ilgili sorular sorduğu ve muhtemelen şehirden çıkarken Mevlânâ'nın peşine düşmüş olduğuymuş. Arama ekibi apar topar şehrin kapısından geçip atlarını çöle sürmüş, orada içlerinden biri bütün gün Kemaleddin'i arayarak dolanmış. Tesadüfen, kendisi de çölde dolanmakta olan Mevlânâ'yla karşılaşmış. Mevlânâ neyi aradıklarının bilgisine önceden sahip olduğu için, ona Halil'in camisine gitmesini söylemiş.

Uzun süren aramaların sonucunda, arama ekibi Kemaleddin'i susuzluk ve yorgunluktan tükenmiş bir hâldeyken bulmuş ve ona su ve yiyecek vermişler. Kendine geldiğinde onlara nerede olduğunu kimin söylediğini sormuş, onlar da yerini gösterenin Mevlânâ olduğunu söylemişler. Kemaleddin askerlere başına gelenlerle ilgili başka bir şey söylememiş ve bir ata atladığı gibi Halep'e geri dönmüş.

Gördüklerinden çok etkilenen Emir, Mevlânâ'nın onuruna bir ziyafet vermiş. Ziyafete çok sayıda insan katılmış ve Mevlânâ'nın düşmanları mahcup olmuşlar. Ancak, çok sayıda insanın kendisine çekildiğini gören ve böylesine bir şöhret istemeyen Mevlânâ, Şam şehrine doğru yola çıkmış. Bir süre sonra Sultan, Azizüddin Rûmî Bedreddin Yahya'yı, Halep Emiri Kemaleddin'e göndermiş ve Mevlânâ'yı kendi bölgesine davet ettiğini bildirmiş. Emir, Mevlânâ'yı büyük bir saygıyla karşılamış. Halepli Kemaleddin, daha sonraları Şam Emiri'ne, Mevlânâ'nın orada kaldığı süre içindeki muazzam manevi başarılarından bahsetmiş.

## SEYYİD BURHANEDDİN, RÛMÎ'YE İDRAK GÜCÜNÜ AKTARIR

Yine rivayete göre, bir gün Şeyh Salâhaddin, Allah ondan razı olsun, Aziz Seyyid Burhaneddin'in huzurunda oturduğunu ve ulvi bir hava içerisinde tefekkür ettiklerini anlatmış. Seyyid, Mevlânâ'nın mistik ilimlerdeki üstünlüğünden övgüyle söz etmiş ve "Eski ihtişamlı günlerimde, Sultan'ın lalasıyken, yirmiden fazla kez Mevlânâ'yı omuzlarıma alıp mistik bir atmosfer içerisinde miraç etmişliğim var. Böylece o (Mevlânâ) da, şüphe götürmez bir doğaüstü farkındalık seviyesine yükseldi ve bu konuda bana epey borçlu," demiş. Bu sözler Mevlânâ'ya anlatıldığında o şöyle cevap vermiş: "Söyledikleri doğru, hattâ olanlar onun anlattıklarından yüz binlerce kat daha muazzamdı. O aileye olan minnettarlığım sonsuzdur."

# KİLİKYALI KEŞİŞLER

Kendisi de manevi anlamda çok yüksek derecelere ulaşmış bir kişi olan Akşehirli Şeyh Sinaneddin Külahduz'un anlattığı benzer bir rivayete göre, Mevlânâ'nın kervanı Şam yolunda ilerlerken Kilikya'nın Sis bölgesine girdiğinde, çadırlarını birtakım garip keşişlerin yaşadığı ve esrarengiz büyü sanatlarını icra ettikleri bir yere kurmuşlar. Tam olarak söylemek gerekirse, keşişler gizemli bilgilerini ve efsunlarını kullanarak gelecekteki olayları tahmin ediyorlarmış. Garip hünerleri sayesinde epey para kazanmışlar.

Keşişler Mevlânâ'yı görür görmez onu etkilemek için içlerinden bir çocuğa havaya yükselmesini ve orada, yer ile gök arasında durmasını söylemişler.

Bunu gören Mevlânâ, tefekkürle kafasını eğmiş. Hemen ardından çocuk aşağı seslenerek bu yüksek konumdan kurtarılmak istediğini, yoksa ulvi düşüncelere dalmış bu adama duyduğu korku yüzünden öleceğini söylemiş. Keşişler ona aşağı inmesini söylemiş. Çocuk "İnemiyorum," demiş. "Sanki buraya mıhlanmışım gibi hissediyorum." Çocuğu olduğu yerden indirmek için hangi büyüyü ya da efsunu kullanırlarsa kullansınlar hiçbir işe yaramamış. Oracıkta kalakalmış. Becerilerinin lağvedildiğini fark eden keşişler, başlarını Mevlânâ'nın ayaklarına koyup onları bağışlamasını istemişler, onları ifşa etmesin diye ona yalvarmışlar. Mevlânâ, şu sözler söylenmediği sürece bunun mümkün olmadığını belirtmiş: "Allah'tan başka Tanrı olmadığına şahadet ederim; Hz. Muhammed'in O'nun kulu ve elçisi olduğuna şahadet ederim." Çocuk bu sözleri söyler söylemez yere inmiş. Bu tezahür karşısında keşişler çocuğun yaptığını yapıp seyahatlerinde Mevlânâ'ya eşlik edebilmek için yalvarmışlar. Ancak Üstat onlara orada kalmalarını buyurmuş ve yalnızca ona selam göndermelerini ve onun için dua etmelerini söylemiş. Bu şekilde hem maddi hem de manevi yollar onlara açılmış ve kendilerini, dünyanın o ücra köşesine gelip giden herkese iyilik yapmaya adamışlar.

# ESRARENGİZ ŞEMS-İ TEBRÎZÎ'NİN ORTAYA ÇIKIŞI

Mevlânâ Şam'a vardığında ilim insanları ve önde gelen diğer kişiler onu hak ettiği gibi saygıyla karşılamışlar ve Mukaddasa Medresesi'ne –Kutsal Medrese'ye– yerleştirmişler. O da kendisini dinî ilimlere dair daha derin bilgiler edinmeye adamış. Şam'da yedi yıl geçirmiş. O esnada kırk yaşındaymış.

Rivayete göre, bir gün Mevlânâ Şam'da bir meydanda yürüyüş yaparken kalabalığın içinden garip görünümlü bir kişi çıkıvermiş. Uzun siyah bir cübbeye bürünmüş, garip bir başlık takmış hâliyle diğer insanlardan bariz bir şekilde farklı duruyormuş. Mevlânâ'nın yanına ulaşıp ellerini öpmüş ve şöyle demiş: "Ey dünyanın sarrafı, bana bak ve beni anla!" Sonra hızla akan kalabalığın arasında kaybolmuş. Bu adam Mevlânâ Şems-i Tebrîzî'ymiş. Mevlânâ onu aramış ama o çoktan ortadan kaybolmuş.

# SEYYİD BURHANEDDİN'İN[2] ÖĞRETİLERİ

Bir süre sonra Mevlânâ Celaleddin, Rum diyarına (Türkiye'nin Asya kıtası üzerindeki toprakları) doğru yola çıkmış ve Kayseri'ye varmış. Burada toplumun önde gelen isimleri onu saygıyla karşılamış. Sahib İsfahanî onu kendi evine davet etmek istemiş, ancak Seyyid Burhaneddin, Mevlânâ'nın âdetinin medresede kalmak olduğunu söylemiş. Kendilerini irşat etmesini bekleyen insanların sayısı karşısında şaşkına dönen Mevlânâ, odasının sessizliğine sığınmış. Mevlânâ'nın bu tefekküre düşkün yönünün farkına varan Yüce Üstat (Seyyid Burhaneddin), şimdi Mevlânâ'nın tefekkür ederken kendisine eşlik etmesini ve maneviyat ve esrar dolu alametleri kendisinden öğrenmesini söylemiş. Çünkü Seyyid'in düşüncesine göre onun (Mevlânâ'nın) Allah'ın izniyle bu noktadan sonra ve bu amaç doğrultusunda babacan bir evliyanın rehberliğine ihtiyacı varmış. Aziz Seyyid Burhaneddin'in içinden yükselen itkiyi fark eden Mevlânâ, daha fazla aydınlanmaya ulaşabilmek için Üstat'ın dizinin dibine oturmuş.

İlk ders olarak, Seyyid, Mevlânâ'ya yedi gün oruç tutmasını söylemiş. O ise yedi günün çok az olduğunu, kırk gün boyunca oruç tutup tefekkür edeceğini ve kendisini tamamen Bilge Üstat Burhaneddin'le birlikte tefekkür etmeye adayacağını söylemiş. Bu süre boyunca yalnızca azıcık bir arpa ekmeği yemiş ve kahvaltı niyetine biraz su içmiş. Bu manevi alıştırmalar boyunca inzivaya çekildiği küçücük hücrede bilinmeyen diyarlara ait gizemlere şahit olmuş.

Kırk günlük orucu tamamlandığında, Seyyid Burhaneddin Mevlânâ'nın hücresine girmiş. Mevlânâ'yı hücresinde otururken zihni yoğun bir şekilde çalışır, Hiçlik âleminde gezinirken bulmuş; çünkü, "ÂLEMDE NE VARSA *SENİN* İÇİNDEDİR – İSTEDİĞİN HER NEYSE, *KENDİ* İÇİNDE ARA, ÇÜNKÜ SEN HER ŞEYSİN".

Mevlânâ'yı böylesi bir tefekkür hâlinde görünce onu olduğu hâlde bırakmış ve kırk gün daha oruç tutmak istediğini tahmin etmiş. İkinci kırk günlük sürenin sonunda Seyyid, Mevlânâ'nın hücresine girmiş ve onu gözlerinden yaşlar akarken namaz kılar bir hâlde bulmuş. Kendisini tamamen ibadetine veren Mevlânâ odasına kimin girdiğiyle hiç ilgilenmemiş. Aziz Seyyid bir kez daha geri dönmüş ve Mevlânâ'yı üçüncü bir kırk günlük süreyi tamamlaması için orada bırakmış.

---

[2] Bu bölümün İngilizcesinde Seyyid Burhaneddin, Seyyid Bedreddin ve Seyyid Bahaeddin isimleri aynı kişiyi adlandırmak üzere kullanılmıştır. Biz Ahmet Eflâki'nin *Ariflerin Menkıbeleri* kitabının Türkçe çevirisini esas alarak sadece Burhaneddin ismini kullandık. (e.n.)

Bir kırk gün daha geçtikten sonra kalbi Mevlânâ'nın sağlığına dair endişelerle dolan Aziz Seyyid, hücresinin kapısını kırarcasına açmış ve endişe dolu bir sesle seslenmiş. Sonra Mevlânâ'nın dudaklarında bir gülümseme ve yüzünde dingin bir ifadeyle hücresinden çıktığını görmüş. İki gözü iki "memnuniyet denizi" gibiymiş ve zihninden şunları okumuş: "Bu iki gözümüze bak ve ilahi Sevgilimizin yansımasını gör – bak ve gör orada, Üstadımızın suretinin nasıl sema ettiğini."

Mevlânâ'nın şüphe götürmez düzeyde bir aydınlanmaya ulaştığını anlayan Aziz, onu kucaklamış ve şöyle demiş: "Zaten hayatın tüm ahlakî gereklilikleri hakkında usta bir düşünür hâline gelmiştin, artık manevi mevcudiyetle ilgili her şey hakkında da ustasın. Ancak şimdi, batınî hayatın en derinliklerine ait olan gizemlere eriştin. Bu tür bir başarıyı eski zamanların üstatları ve evliyaları bile kıskanabilir. Bu düzeyde bir erdeme ve saflığa eriştiğini görmekten dolayı müteşekkirim." Ondan sonra Mevlânâ'ya insanların aydınlanmaya erişmesini sağlamak ve hakikat arayıcılarının kalplerinde ilahi sevgi ateşini yakmak üzere bir görev üstlenmek isteyip istemediğini sormuş. Böylece Mevlânâ Konya'ya doğru yola çıkmış ve mistik ilimlere dair öğretilerini yaymaya başlamış. Bu noktadan sonra sarığını Araplar gibi sarmaya ve eski zaman âlimlerinin giydiği gibi geniş kolları olan bir cüppe giymeye başlamış.

Gel zaman git zaman, Seyyid Burhaneddin cennete çağrılmış ve Mevlânâ onun ruhu için dua etmek amacıyla Kayseri'ye gitmiş ve kısa bir süre sonra da Konya'ya dönmüş. İşte o zaman, tüm Dervişlerin Rehberi, Mevlânâ Şems-i Tebrîzî, ikinci kez Mevlânâ'nın karşısına çıkmış.

Anlatılanlara göre, Mevlânâ Şems-i Tebrîzî, Tebriz'de sepetçilik yapan Şeyh Ebu Bekir Tebrîzî'nin müridiymiş. Şeyh, kutsi nitelikleri ve çok kuvvetli mistik idraki ile bilinirmiş. Ancak Mevlânâ Şems-i Tebrîzî çok büyük manevi ve mistik derecelere erişmiş, çünkü o tasavvufun daha yüce bölgelerine girebilmek ve böylece daha yüce manzaraları seyredebilmek için "daha da yükseğe uçmak" arzusuyla doluymuş. Bu arayış içerisinde yıllar boyunca dünyayı gezmiş dolaşmış ve Avare Şemseddin unvanını almış.

## ŞEMSEDDİN'İN GÖRDÜĞÜ HAYAL

Şemseddin bir gece ciddi bir zihinsel sıkıntıya düşmüş ve içindeki arzuyu dışa vuran bir nida ile haykırmış, mistik duygularının tahrik ettiği bir ruh hâline dalmış ve büyük bir samimiyetle dua etmiş: "Ey Allah'ım, bana en büyük evliyalarından birini göster ve beni sevdiğin kişilerden birine yönlendir." Bunun üzerine kendisine, aradığı kişinin Bilgelerin Önderi Belhli Bahâeddin'in oğlu olduğu bildirilmiş. "Ey, Allah'ım," diye niyaz etmiş Şemseddin, "bu kişinin yüzünü bana göster". Kendisine şükran göstergesi olarak ne tür bir adak hazırladığı sorulmuş. Mevlânâ Şemseddin buna karşılık olarak kendi başını vermeye hazır olduğunu ve hayatından daha kıymetli hiçbir şeyi olmadığını söylemiş. Sonra zihninde bir ses duymuş: "Rum memleketine git, orada aradığın şeyi bulacaksın." İman ve ilahi sevgiyle dolan Şemseddin Tebrîzî, Rum diyarına doğru yola koyulmuş. Bazıları Şam'dan Rum diyarına geçtiğini söyler, diğerleri ise önce Tebriz'e döndüğünü ve oradan Rum diyarına geçtiğini iddia eder.

# MİSTİK HAZİNELERİN SARRAFI

Nihayetinde Konya'ya ulaştığında, Şekerciler Sokağı'nda bir oda tutmuş. İnsanların onu zengin bir tüccar sanmaları için kiraladığı odanın kapısına, pahalı bir kilit takmış ve anahtarı da, taktığı zenginlere yakışır bir şekilde dokunmuş sarığın bir köşesine bağlamış. Aslında içinde sadece hasır bir kilim, ucu kırık bir toprak testi ve yastık niyetine kullandığı bir tuğladan başka bir şey olmayan başka bir odada kalıyormuş. Yediği tek şey ise, suya batırıp yediği bir haftalık kuru arpa ekmeğiymiş.

Yine rivayet edildiğine göre, bir gün Bilgelerin Önderi –Şemseddin Tebrîzî– bir hanın girişinde otururken, ayağına çabuk bir deveyi sürerek Aynacılar Sokağı'ndan çıkıp gelen Mevlânâ Celâleddîn-i Rûmî'yi görmüş. Öğrenciler ve ilim erbabı, Mevlânâ'yı devesinin yanında yaya olarak takip ediyorlarmış. Mevlânâ Şemseddin Tebrîzî ona doğru koşmuş ve devesinin dizginlerine yapışmış ve şöyle demiş: "Ey sen, Mistik Hazinelerin Sarrafı söyle, Hz. Muhammed mi daha büyüktür yoksa Bayezid mi?" Mevlânâ tereddütsüz cevap vermiş: "Elbette Allah'ın Elçisi Muhammed çok daha büyüktür, çünkü o peygamberlerin ve evliyaların Efendisidir." Ardından şu dizeleri okumuş:

"Talih bizim ülkemizdir
Ve can vermek görevimizdir,
Kervanımızın Önderi
bütün dünyanın kendisi ile övündüğü
Hz. Muhammed'dir."

Ancak Şemseddin tekrar sormuş: "Peki Hz. Muhammed 'Sana şükürler olsun, bana Nurunu ihsan et!' derken, Bayezid'in 'Şükürler olsun, benim itibarım çok yücedir ve ben tüm sultanların sultanıyım!' demesi ne anlama gelir?"

Mevlânâ Celâleddîn-i Rûmî, Mevlânâ Şems-i Tebrîzî'den bu sözleri duyar duymaz bineğinden inmiş, ağzından bir haykırış çıkmış ve kendinden geçmiş. Tam bir saat boyunca bu hâlde kalmış, insanlar bilincini kaybeden bilgenin etrafını sarmış. Tekrar bilincini kazandığında Mevlânâ Celâleddîn-i Rûmî, Mevlânâ Şems'e şöyle karşılık vermiş: "Bayezid'in 'susuzluğu' sadece bir bardak suyla bastırılabilirdi, kapasitesi ise tek bir yudumla dolabilirdi ve zihninin kapısındaki o daracık çentikten Allah'ın nurunun ancak küçücük bir parçası içeri sızabilirdi. Hz. Muhammed'in 'susuzluğu' ve kapasitesi ise sınırsızdı ve (Allah'ın inayetine duyduğu şiddetli arzu) sonsuzdu. Kuran'ın da dediği gibi:

'Biz senin göğsünü genişletmedik mi...'; yani bu şekilde uyum sağladı. Allah'ın kapsayıcılığı ise her şeyin ötesindedir, dolayısıyla Peygamber'in arzusu ve şevki Bayezid'inkinden sonsuz derecede daha fazlaydı. Doğrusunu istersen, 'Allah'ın sevgisine yönelik arzunun tek bir nefesi', muazzam bir 'susuzluk'tan doğar." Bunu söyledikten sonra Mevlânâ, yanında Mevlânâ Şems-i Tebrîzî ile birlikte medreseye gitmiş ve onunla birlikte hücresinde inzivaya çekilmiş. Burada kırk gün kaldıkları söylenir; ancak bazıları orada tefekküre dalmış bir şekilde üç ay boyunca kaldıklarını söylerler.

Rivayetin devamına göre, Mevlânâ şöyle demiş: "Şems-i Tebrîzî bana o soruyu sorduğunda kafamın içinde bir kapı açıldı ve oradan çıkan duman gökyüzüne yükseldi."

Mevlânâ Şems-i Tebrîzî'nin ve sorduğu sorunun etkisinin bir sonucu olarak, Mevlânâ medresede verdiği derslere bir süre ara vermiş ve vaaz etmeyi de bırakmış. Bunun yerine tüm vaktini mistik ilimlerin gizemleri üzerine tefekkür etmeye ayırmış ve şu dizeleri yazmış:

Utarid (Merkür) gibi, benim varlığımın unsurları da dört bir yana dağılmıştı; bir süre sessizlik içerisinde otursam da – ama bir sakinin alnında esrarlı bir yazı gördüğümde sarhoş oldum ve hissettiğim coşkuyla tüm kalemlerimi kırdım.

# TEBRİZLİ ÜSTAT ORTADAN KAYBOLUR

Rivayete göre, gizemli ilimlerin peşinden koşan bu iki arayıcı arasındaki yakın temas tüm sınırların ötesine geçtiğinde, Mevlânâ'nın daha eski müritleri kıskanmış ve şöyle demişler: "Bu yeni gelen kişi kim oluyor ki gelip Üstadımızın vaktini ve ilgisini bu kadar gasp ediyor?" Böyle olunca Mevlânâ Şems ortadan kayboluvermiş. Tam bir ay boyunca insanlar onu arayıp durmuş ama kimse bulamamış, nereye gittiğini kimse bilmiyormuş. Bunun üzerine Mevlânâ Celâleddîn-i Rûmî eski bilgelerin tarzında kendisine özel bir başlık ve önü tamamen açık bir cüppe yapmış. Ayrıca rebabına altı tane tel takılmasını ve rebabının gövdesinin altı kenarı olacak şekilde yapılmasını istemiş. Bundan önceki rebapları dört kenarlıymış. Altı kenarlı rebap ile ilgili olarak şu açıklamayı yapmış: "Rebabımızın altı kenarı var, çünkü her bir kenar dünyanın bir tarafını temsil ediyor. Ve dümdüz teller aslında hem Arap alfabesinin hem de Allah'ın isminin ilk harfi olan *Elif* biçimindedir. Ve Elif, ruhun özüdür." Sonra da eklemiş: "Yani, eğer ruhunuzun içsel bir kulağı varsa bu tellerde *Allah'ın Elif'ini* dinleyin; ruhunuzun içsel gözü ile tellerin düz çizgilerinde – o *Elif*'te *Allah*'ın ismini görün."

Böylece Âşıklar, duygu dolu müzikle birlikte yükselmişler ve vecde gelmişler. Zayıflar ve güçlüler, bilginler ve cahiller, Müslümanlar ve gayrimüslimler, her ülkeden ve milletten gelen insanlar, Mevlânâ'nın lütfuna ve ilgisine doğru koşmuşlar ve onun müritleri olmuş, mistik şiirler okumuş ve mistik anlamlarla dolu şarkılar söylemişler. Gece ve gündüz sema etmişler. Ancak bütün bunları kıskananlar ve mistik ilimlere karşı olanlar bu uygulamaları kınamış ve "Bütün bu olup bitenler de ne böyle – ne garip bir görüntü!" demişler.

Bolca vakti ve parası olan, hattâ kimileri sultan soyundan gelen ve eski lüks yaşamlarını terk eden insanlar –yoğun tefekkür ve mistik alıştırmalara daldıkları için– o kadar etkilenmiş ki, sıradan insanların gözünde deli denecek bir hâle gelmişler. Bir şehzadenin çok fazla ibadet ettiği ve sürekli vecd hâlinde olduğu için aklını yitirdiğini sanmışlar, peygamber hakkında böyle şeyler söyleyen kâfirler sonunda gerçekten akıllarını yitirmemişler miydi. Elbette ki bunların hepsi Mevlânâ Şemseddin Tebrîzî'nin etkisiymiş. Peygamber şöyle buyurmuştu: "Hiç kimse, dünyayla meşgul kişilerin gözünde deli rütbesine düşmeden kalbinde Allah'a dair hakikate ulaşamaz." Ve büyük Mevlânâ'nın Hakikatinin hakikati tezahür ettiğinde, Allah'ın inayetine nail olanlar onun müritleri olmuş; yanılgıya düşenler ise terk edilenler olarak arkada kalmış. İmansızların eline sıkıntıdan başka bir şey geçmez ve derler ki, erdemli olanlara inanmazlık etme ve Allah sevgisiyle dolu korkusuz kişilerden kork, çünkü korkmazsan bu insanların sabrı bir noktada şüphesiz seni mahvedecektir.

## ALTI HAYALET VE ÇİÇEKLER

Yine rivayet edildiğine göre, Mevlânâ'nın takva ve doğrulukta Hz. İsa'nın annesi Meryem Ana gibi olan karısı Kira Hatun şunları anlatmış: "Soğuk bir kış günü, Mevlânâ'nın başını Şems-i Tebrîzî'nin dizinde dinlendirdiğini gördüm. Bunu hücresinin kapısındaki bir çentikten gördüm. Sonra odanın duvarlarından birinin açıldığını ve gayb âleminden korkutucu görünümlü altı adamın bu açıklıktan girip Mevlânâ'ya selam verdiklerini ve bir demet çiçeği onun önüne bıraktıklarını gördüm. Bu kişiler öğleden sonranın geç saatlerine kadar orada kaldılar ve aralarında tek bir kelime bile konuşulmadı.

Namaz vaktinin geldiğini fark eden Mevlânâ, Şems'e namaz kılmaları ve namazda imamlık yapması için bir işaret yaptı; ancak Şems, üstün bir şahsiyetin huzurunda imamlık yapamayacağını söyledi. Bunun üzerine Mevlânâ imamlık yaptı ve sonrasında o altı kişi saygılarını sunduktan sonra huzurundan ayrıldı." Kira Hatun, bu olaya şahit olduktan sonra korku ve şaşkınlıkla şuurunu kaybettiğini de eklemiş. "Kendime geldiğimde," demiş, "Mevlânâ'nın odadan çıktığını gördüm. Çiçek buketini bana verdi ve onlara özenle bakmamı söyledi. Çiçeklerden birkaç yaprak alıp incelesinler diye aktarlara gönderdim. Bana hayatları boyunca böyle çiçekler görmediklerini söyleyip bu çiçeklerin nereden geldiğini ve isminin ne olduğunu sordular. Ayrıca çiçeklerin kokusu, rengi ve nazik dokusu tüm aktarları şaşkına düşürdü, kışın ortasında böyle bir çiçeğin açmış olması da..."

Bu aktarların arasında ticaret için sık sık Hindistan'a gidip gelen ve oradan büyük bir merak ve heyecan uyandıran örnekler getiren önemli bir botanikçi varmış. O, bu çiçeklerin Hindistan'dan geldiğini ve yalnızca bu ülkede, ülkenin Serendib (Sri Lanka) yakınlarındaki güney topraklarında yetiştiğini söylemiş. Bu çiçeklerin nasıl olup da tazeliklerini ve güzelliklerini kaybetmeden Rum diyarına ulaşabildiklerine hayret etmiş. O mevsimde oraya nasıl geldiklerini öğrenmek istemiş. Bunun üzerine Kira Hatun büyük bir hayrete düşmüş. O esnada Mevlânâ aniden ortaya çıkmış ve şöyle demiş: "Bu çiçeklere büyük bir özenle bak ve gizlerini kimseye açık etme. Çünkü Hindistan'ın İrem bağlarına bakan Ruhani Önderler, batınî hayattan haber vermeleri için bu çiçekleri sana hediye olarak getirdiler, onlar iffetini ve takvanı onurlandıracaklar. Allah'a şükret ve bu çiçeklere gözün gibi bak ki onlara asla zarar gelmesin."

Anlatılanlara göre, Kira Hatun, çiçeklerin yapraklarını özenle saklamış, sadece Mevlânâ'nın da izniyle birkaç yaprağı Karki Hatun'a, Sultan'ın karısına vermiş. Bu yaprakların erdemi göz ağrısı olan ve bu yaprakla gözünü ovan herhangi birinin şifa bulmasıymış. Onları getiren asil dostların manevi güçleri sayesinde bu çiçeklerin rengi ve kokusu asla solmamış.

## CİNLER VE IŞIKLAR

Rivayete göre, üzerine bir şamdan koymak için eve uzun bir kaide yerleştirmişler. Mevlânâ hep orada durur ve gecenin erken saatlerinden şafak vaktine kadar evliya Bahâeddin'in mistik yazılarını okurmuş. Ancak, bir gece evde yaşayan bir grup *Cin*, Kira Hatun'a artık tüm gece boyunca ışığa tahammül edemediklerinden ve ev sakinlerinin kendilerinden zarar görmesinden korktuklarından şikâyet etmişler. Karısı bunları olduğu gibi Mevlânâ'ya iletmiş, o hiçbir şey dememiş. Üçüncü gün Mevlânâ, Kira Hatun'a artık korkmasına gerek olmadığını, çünkü ona şikâyete gelenlerin hepsinin artık kendisinin müritleri olduğunu ve akrabalarının ya da dostlarının hiçbirine zarar vermeyeceklerini söylemiş.

## SAVAŞA DOĞRU GİZLİ BİR SEFER

Rivayete göre meşhur Celâleddin olarak bilinen bir Kassab Efendi varmış ve Mevlânâ'nın en eski müritlerinden biriymiş. O da kendisine büyük bir mizah duygusu ve sevgi kapasitesi bahşedilmiş bir adammış. En büyük eğlencelerinden biri, tayları satın alıp onları eğittikten sonra önemli kişilere satmakmış. Ahırı sürekli seçkin atlarla dolu olurmuş. Anlatılanlara göre bir keresinde, Mevlânâ'ya gayb âleminden, dünyaya büyük bir felaketin gelmek üzere olduğu haberi gelmiş. Kassab Efendi'nin anlattığına göre Mevlânâ neredeyse tam kırk küsur gün boyunca, koca sarığı bileğine dolanmış bir şekilde ve huzursuz bir ruh hâli içerisinde dolanmış durmuş. "Sonunda bir gün Mevlânâ'nın kaygılı bir hâlde evime geldiğini gördüm ve hürmetle önünde eğildim. Sonra bana ayağına çabuk bir atı onun için eyerlememi buyurdu. Bize direnen bir bineği üç kişi zar zor eyerledikten sonra Mevlânâ'ya götürdük. O da ata atladığı gibi atı Kıble yönüne doğru (güneye) dört nala sürmeye başladı. Eşlik edip edemeyeceğimi sordum, manevi destek vererek yardım etmem gerektiği cevabını verdi.

Akşamın geç saatlerinde geri döndüğünü gördüm. Kıyafetleri toz toprak içerisindeydi ve fil gibi güçlü bir vücudu olan o at, deli gibi yorulmuş ve inanılmaz derecede zayıflamıştı. Sonraki gün Mevlânâ benden bir önceki gün bindiği attan daha iyi bir at istedi, önceki gün yaptığı gibi aceleyle çıktı gitti ve alacakaranlıkta geri döndü. At bitap düşmüştü ve nedenini sormaya cesaret edemedim. Üçüncü gün de benzerdi, Mevlânâ bana gelip bir at istedi, hızla ve hiddetle uzaklaştı. Ancak akşam namazı vaktinde huzur dolu ve mutmain bir şekilde döndü ve şarkı söylemeye başladı:

'Müjde müjde, ey şarkı söyleyen dostlarım – o cehennem köpeği cehennemine geri döndü.' Mevlânâ'dan ödüm koptuğu için ona tüm bunların nedenini soramadım.

Birkaç gün geçtikten sonra Suriye'den bir kervan geldi ve Moğol askerlerinin Şam'ı büyük bir sıkıntıya soktuğunu duyduk. Başlarındaki kişinin 1257 yılında Bağdat'ı kılıç zoruyla alan ve Halife'yi öldüren Hülâgû Han olduğunu, sonra Halep'i alıp Şam'a doğru yola çıktığını söylediler. Mengü Han at sürerek Şam'a kadar gelip askerleri şehri sardığı esnada, Şam halkı Mevlânâ'nın atıyla İslam ordusuna yardım etmek için geldiğini ve sonunda Moğolların büyük bir bozguna uğradığını söylediler. Bu haberleri getiren kişi bizi çok sevindirdi ve yüreklerimizde duyduğumuz kıvançla Mevlânâ'nın yanına gidip Şam kuşatması esnasında neler olduğuna dair yorum yapmasını istedik. Mevlânâ ise şöyle dedi: "Hayhay, Celâleddîn. İşte, olanlar oldu."

# ZENGİN TÜCCAR VE BATILI DERVİŞ

Yine bir rivayete göre, Tebriz'den zengin bir tüccar Konya'ya gelmiş ve Şekerciler Hanı'nda oda tuttuktan sonra, şehirde meşhur din âlimlerinden kimlerin yaşadığını sormuş. Gidip onlara selam vermek ve onların lütfuna mazhar olmak için ellerini öpmek istiyormuş. Çünkü ona uzun bir yolculuğa çıkan birinin, gittiği yerdeki erdemli kişilerin yanına gitmesi, onlarla tanışması gerektiği söylenmiş. Şehirde pek çok dindar ve takvalı kişi bulunduğunu, ama içlerinden birinin, Şeyh Sadreddin olarak bilinen bir kişinin, bilgelerin önderi olduğunu söylemişler. Dinî mevzularda ve mistik ilimlerde bu kişiye denk olan çok az kişi bulunurmuş. Sonra şehrin bilginleri onunla birlikte Şeyh Sadreddin'in evine gitmişler, yanlarında da yirmi dinar değerinde bir hediye götürmüşler.

Tebrizli tüccar Şeyh'in evine vardığında görevlilerden ve hizmetçilerden oluşan bir kalabalığın sürekli Şeyh'in etrafında olduğunu ve istediği her şeyi yerine getirdiklerini görmüş. Bunu gören dini bütün tüccar müteessir olmuş ve kendi kendine "Ben uşaklara ve yüzeysel gösterilere ihtiyacı olmayan bir derviş görmeye geldim, bir ağa değil," demiş. Onu oraya getiren kişiler bu tür bir gösterinin Şeyh'i etkilemeyeceğini çünkü yüreğinin tasavvufla sağlamlaştırılmış olduğunu söylemişler. "Şekerlemeler doktora değil, hasta bir insana zarar verir," demişler.

Tüccar, Şeyh'in huzuruna büyük bir rahatsızlık duygusuyla çıkmış. Şeyh'e, hayır için bol bol para harcadığı, ihtiyaç sahibi insanlara sadaka verdiği hâlde sürekli mali zorluklar yaşadığını söylemiş ve bu durumun nedenini ve çaresini sormuş. Ancak Şeyh bu soruya ilgi göstermemiş ve ne yapılması gerektiğine dair bir şey de söylememiş. Tüccar Şeyh'in yanından müteessir bir kalple ayrılmış.

İkinci gününde, "ahlakî ve manevi olarak faydalanabileceği başka bir mübarek insan olup olmadığını sormuş. Kendisine takva ve erdem sahibi başka bir kişi daha olduğunu söylemişler. Bu kişinin adı Mevlânâ Celâleddîn-i Rûmî imiş, ataları on beş nesildir ilimle ve takvayla meşgulmüş ve kendisi de "zamanını gece ve gündüz ibadet ve tefekkür ile" harcarmış ve bu konularda bir derya imiş. Böylesi bir insana ulaşmayı çok arzu ettiğini söyleyince, arkadaşları onu Mevlânâ'nın evine ve medresesine götürmüşler. Sarığının ucuna elli dinar bağlamışlar ve Mevlânâ'nın medresesine vardıklarında onu derinlemesine çalışmaya gömülmüş bir hâlde bulmuşlar. Mevlânâ'yı çevreleyen "etki" yüzünden, yeni gelenlerin "gözleri kamaşır ve etkilenirler"miş. Tebrizli tüccar da Mevlânâ'yı görür görmez çok "etkilenmiş" ve gözyaşı dökmeye başlamış.

Mevlânâ şöyle demiş: "Elli dinarını kabul ediyorum, ancak (önceki gün Şeyh'e götürülen) şu yirmi dinar ziyan edildi. Allah'ın gazabı üzerine inmek üzereydi ama Allah inayetiyle seni bu medreseye yönlendirdi. Bugünden sonra müsterih ol, hiçbir kötü talih işlerine musallat olmayacak." Tüccar bu mesaj karşısında çok etkilenmiş, çünkü henüz kalbinden geçenleri Mevlânâ'ya anlatmamış.

Mevlânâ devam etmiş: "Yaşadığın talihsizliklerin nedeni, bir gün Batı Frengistan'da bir sokakta yürürken büyük bir Frenk (Avrupalı) Derviş'in bir kavşakta uyuduğunu görmen ve tepeden tırnağa yoksulluğa batmış görüntüsünden ve uyuduğu yerden hoşlanmayarak ve içinde bulunduğu sefaletten tiksinerek onun üzerinden atlamandır. Bu mübarek insanın kalbi kırıldı. Yani, sürekli başına talihsizlik gelmesinin sebebi kibrinin şiddeti ve yersiz gururundur. Git ve ondan seni bağışlamasını iste, onu mutlu et. Ve selamımı söyle."

Tüccar, Mevlânâ'nın tüm bunları bilmesinden çok etkilenmiş. Mevlânâ tüccara, tam da o esnada Frenk Derviş'i görmek isteyip istemediğini sormuş. Bunu dedikten sonra hücresinin duvarına dokunmuş hemen orada bir kapı açılmış, Mevlânâ tüccara bakmasını söylemiş. Tüccar, tam da Mevlânâ'nın bahsettiği kavşakta Derviş'in tıpkı daha önce de olduğu gibi uyuduğunu görmüş.

Tüccar o kadar büyük bir hayrete düşmüş ki delirmiş gibi kıyafetlerini yırtmış ve Mevlânâ'nın söylediği yere doğru atını sürmüş. Batı Frengistan'daki şehre vardığında kavşaktaki yeri bulmuş ve daha önce de olduğu gibi orada uyuyan Derviş'i görmüş. Tüccar saygı ve endişe hissiyle belirli bir uzaklıktayken atından inmiş ve Frenk Derviş'in önünde hürmetle eğilmiş. Tüccarı gören Derviş şöyle demiş:

"Ben çok güçsüzüm, yoksa kalkar ben de kendimi sana açık ederdim, çünkü Allah'ın da izniyle, Mevlânâ kendimi bu şekilde açık etmeme müsaade etti, ama gel yanıma şimdi!" Bunu söyledikten sonra Derviş tüccarı sevgiyle kucaklamış sakalını öpmüş ve eklemiş: "Şimdi Üstadımı (Mevlânâ'yı) gör." Ve tüccar Mevlânâ'yı sema ederken görmüş, tasavvufi gizemleri fısıldıyor ve şu sözleri söylüyormuş: "Her şeyin ona aittir, her neye sahipsen onunla mutlu ol – istersen bir akik ol ya da bir yakuta dönüş ya da bir toprak parçası olarak kal. Aradığın Vefa olsun ya da arzuladığın İhanet olsun (öyle olsa bile). De ona, 'Frenk de olsan kendini Hakikat'e ada.'" Daha sonra tüccar Mevlânâ'nın huzuruna vardığında ve Frenk Derviş'in selamlarını iletip Mevlânâ'nın müritlerine pek çok hediye vermiş. Sonrasında Konya'ya yerleşmiş ve Mevlânâ'nın en sadık müritlerinden biri olmuş.

# PARILDAYAN GÖZLER

Rivayete göre bir gece Muineddin'in evinde büyük bir sema düzenlenmiş ve çok sayıda âlim ve din adamı bir araya toplanmış. Mevlânâ vecd hâlindeymiş ve coşkuyla tekrar tekrar bağırıyormuş. Bir süre sonra salonun bir köşesine gitmiş ve orada durmuş, ardından hanendelere bir süre susmalarını söylemiş. Oradaki tüm bilgeler bu talep üzerine meraklanmış, bu esnada Mevlânâ kendisini derin bir konsantrasyon hâline bırakmış. Sonra başını kaldırmış. İki gözü de heyecanla alev alev yanıyor, parıldayan kan çanağı gibi görünüyormuş. Şöyle demiş: "Gelin dostlarım, gözlerimde Allah'ın Nuru'nun ihtişamını seyredin." Neredeyse hiç kimse gözlerine bakmaya cesaret edememiş ve kim bakmaya kalktıysa gözleri kararmış ve görme duyusunu anında kaybetmiş. Müritler mistik bir saadetle haykırmışlar.

Sonra Mevlânâ, Hüsameddin Çelebi'ye bakmış ve şöyle demiş: "Gel, ey sadakatimin ve güvenimin nesnesi; öne çık, sevgilim, sultanım; sen benim gerçek sultanımsın, bana gel!" Çelebi heyecanla feryat etmiş (kendisine gösterilen iltifattan ötürü) ve gözlerinden boşalan yaşlar yanaklarından aşağı dökülmüş. Bu olayı Emir Taceddin'e aktaran kişi, Hüsameddin hakkında söylenen bu müthiş ve güzide niteliklerin gerçekten mi kastedildiğinin yoksa Mevlânâ'nın yalnızca kibarlık mı yaptığının kesin olmadığını söylemiş. Tam bu mesele tartışılırken Hüsameddin Çelebi gelmiş, muhbiri yakalamış ve Muineddin'e dönüp şöyle demiş: "Mevlânâ'nın söylediği sözler daha önce benim için doğru değildi, ancak o kelimeler onun ağzından çıkar çıkmaz onlar benim bir parçam hâline geldiler." Kuran-ı Kerim (Yasin Suresi) de demiyor mu:

O'nun emri, bir şeyi murad ettiği zaman ancak ona 'Ol!' demesidir ki, o da hemen oluverir.

Mevlânâ'nın sözleri (tabii ki onun sözleri Allah'ın sözlerine benzetilemez, ama yine de benzetme yapacak olursak) işlevlerini anında yerine getirir ve hiçbir şeye bağlı olmadıkları gibi açıklama da gerektirmezler. Şu dizeler de bunu söylemiyor mu:

'Her zaman bakırın felsefe taşı sayesinde altına dönüştüğü düşünülür – ancak bu felsefe taşı bakırın kendisini felsefe taşına dönüştürmüştür.'

Yani, Mevlânâ'nın kendi arkadaşlarına ve müritlerine karşı inayeti, bu niteliklerin müritlerinin fıtratında ortaya çıkmasını sağlamaya yeterlidir. Bu bilgelikten şüphe eden kişiler bu açıklamadan sonra başlarını utançla eğmiş ve hakikate ikna olup Mevlânâ'ya teşekkür etmişler. Mevlânâ'nın akıl karıştıran bir diğer özelliği de kimsenin onun bakışlarına karşılık verememesiymiş. Gözleri öyle alev alev yanarmış ki gözlerine bakan herkes gözlerini kaçırmak zorunda kalırmış.

Medresenin başmüderrisi ve en önemli müritlerinden biri olan Mevlânâ Şemseddin Malti'nin (Allah ruhunu şad etsin) rivayetine göre, Mevlânâ ve diğerleri ile birlikte Hüsameddin Çelebi'nin bahçesinde otururlarken Mevlânâ ayaklarını dereye sokmuş, orada olanlara batınî yaşama dair bilgiler veriyormuş; özellikle de Mevlânâ Şems-i Tebrîzî'nin muazzam mistik güçlerini övüyormuş.

Medresedeki müderrislerinden biri olan Bedreddin Veled, Mevlânâ'nın, Mevlânâ Şems-i Tebrîzî hakkında söylediklerinden çok etkilenmiş ve iç geçirerek şöyle demiş: "Evyahlar olsun bana, eyvahlar olsun bana." Bunu duyan Mevlânâ sormuş: "Neden iç geçiriyorsun böyle hüzünle? Ve ne oldu da böylesi duygular hissediyorsun?" Bedreddin, Mevlânâ Şems-i Tebrîzî ile tanışma şansına erişemediği ve onun meşhur "mistik meşalesi" ile daha fazla aydınlanamadığı için üzüldüğünü söylemiş. Mevlânâ bu açıklamayı duyduktan sonra bir süre sessiz kalmış ve sonra şunları söylemiş: "Her ne kadar sen Mevlânâ Şems-i Tebrîzî'yle karşılaşmamış olsan da tek bir saç teline binlerce Tebrîzî'nin bağlandığı bir kapıya geldin, ama yine de oturup Tebrîzî'nin mistik etkilerle dolu dalgaları nasıl yaydığına hayret ediyorsun." Sonra şunları okumuş: "Kalbimizdeki krallığı fetheden Şemseddin, hayatımız onunla doldu taştı." Oradaki herkes, orada olmayan (yine de çokça hatırlanan) büyük bilgeye yapılan göndermeden keyif almış. Mevlânâ sonra şiirinden birkaç mısra okumuş:

"Aniden dudaklarımdan onun ismi yükseldi,
Gülün ve Gülistan'ın ismi
Sonra o geldi
Ve elini dudağıma koydu
Ve şöyle dedi:
Ben
Şahım
Ben Bahçe'nin ruhuyum.
Ey şanı yürümüş olan;
Bana benzemek istiyorsan benim gibi ol,
Sonra beni sonsuza kadar hatırla."

Anlatılanlara göre, Bedreddin bu toplantının ardından kırk gün boyunca hastalanmış. Tövbe ettikten sonra hastalığından kurtulmuş ve Mevlânâ'ya daha çok bağlanmış.

## KİTAPLAR VE KİTAPLARDAKİ DERUNİ ANLAMLAR

Benzer bir vaka Şeyh Mahmud tarafından rivayet edilmiştir. Sultan Keyhüsrev'in veziri Kadı Mevlânâ İzzeddin Konya'da bir cami inşa ettirmiş ve camiye Mevlânâ'nın adını vermiş. Yetenekleri olan erdemli bir insan olduğu için Mevlânâ'ya bir gün şöyle sormuş: "Sen her ne üzerine çalıştıysan biz de aynı kitapları okuduk, ancak o kitaplardan senin 'aldığın' ve aktardığın şeyler bizim aldıklarımızın çok ötesinde. Bunun anlamı nedir?" Mevlânâ cevap vermiş: "Evet doğru, ama bizler Allah'ın İlim Kitabı'ndan bir ya da iki sayfayı *özümsedik*, bunları da size aktardık ve 'Allah rahmeti bol olandır ve rahmetini dilediğine bağışlar'. Şu dizeler de bunu söyler:

"Zuhal'den (Satürn) gelen bilgelik
Bizim kavrayışımıza uymaz
Ama Utarit (Merkür) ve Zuhal bir araya geldi mi
İnsanlara ilimlerini açabilirler
Ama Allah bizim ruhlarımıza
Bir özellik bahşetmiş;
Ve bizim özümüz
Umudun bilgisiyle örülmüş
İşte bundandır ki ilahi bilgeliği öğrenmek
Bizim tek yolumuz ve umudumuzdur."

Meşhur Kadı bundan çok etkilenmiş ve gözyaşlarına boğulmuş.

## SEMA

Yine bir rivayete göre, Kadı İzzeddin, insanda mistik duygular uyandırmasıyla bilinen semaya ve müziğe karşı çıkarmış. Bir gün, yaşadığı manevi vecd hâlinden çok etkilenen Mevlânâ, mistik müziğin zirveye ulaştığı bir noktada medreseden çıkmış. Kadı'ya gitmiş ve ona seslenerek Allah'a övgülerin düzüldüğü meclise gelmesini söylemiş. Sonra onu önüne kattığı gibi, mistik deneyimlerden hoşlanmayanların ruh hâli içindeki bu adamı Rabbini sevenlerin meclisine götürmüş. Kadı anında vecde kapılıp üstünü başını yırtmış ve tıpkı diğerleri gibi ilahi seslere dalıvermiş ve durmadan sema etmiş ve coşkuyla haykırmış. Ve sonunda Mevlânâ'nın en iyi müritlerinden biri olmuş.

## YOL

Yine bir rivayete göre, hepsi de takva ve ilim sahibi insanlar olan Konya Kadısı İzzeddin, Amasya Kadısı ve Sivas Kadısı, bir gün Mevlânâ'ya "Yolunuz nedir?" diye sormuşlar. Mevlânâ cevap vermiş: "Bu benim 'Yol'umdur ve onu takip edenler aydınlanmaya ulaşacaktır." Yani, kendi tasavvuf yönteminin başkaları izlesin diye açılmış bir yol olduğunu ve bu yolda yürüyenlerin onun rehberliği sayesinde aydınlanacağını söylemiş. Bu, tarikatın bir "ders kitabının" olmadığını ve kitabın mürşit, yani ruhani rehber olduğunu, bu rehberin de müritlerini gizemli topraklara götürdüğünü çok güzel bir şekilde vurgulamış. Ona soruyu soran üç isim de sonradan müritleri olmuştur.

## PAPAĞAN VE KEL ADAM

Rivayete göre Adana Kadısı bir cami inşa ettirmiş ve camiye Mevlânâ'nın adını vermiş. Kadı, Mevlânâ'dan yeni camide kılınacak ilk namazdan sonra bir vaaz vermesini istemiş. Caminin açılış töreni için bol miktarda para bağışlamış. Mevlânâ vaazını vermiş ve konuşması esnasında kel bir kuştan bahsetmiş (ve bu şekilde insanların bu mecazi hikâyeden bir ibret almasını sağlamış). Merasimin sonunda Aziz Kemaleddin, Mevlânâ'yı hikâye anlatma becerisinden ötürü methetmiş. Hikâyeyi müthiş bir incelikle ve kimseyi incitmeden anlattığı için cemaatteki kel insanlardan hiçbirinin alınmadığını söylemiş. Çünkü her iki Kadı da kelmiş ve cemaate önderlik ediyorlarmış ve her ikisi de en ufak bir rahatsızlık hissetmemiş.

## BİR KAVGA

Yine bir rivayete göre, bir gün Mevlânâ yolda yürürken iki adamın sert bir kavgaya tutuşmuş olduğunu ve birbirlerine sövgüler yağdırdıklarını görmüş. Mevlânâ, birinin diğerine şöyle dediğini duymuş: "Eğer bana tek bir kötü söz söylersen, sana bin tanesiyle karşılık vereceğim." Mevlânâ onlara doğru yaklaşmış ve şöyle demiş: "Gel, dostum, öfkeni bana yağdır. Çünkü bana bin hakarette bulunursan, benden bir tane bile işitmezsin!" İki adam kendilerinden utanmış ve bu bilgece nasihatten sonra arkadaş olmuşlar.

## DİLBİLGİSİ UZMANI VE KUYU

Anlatılanlara göre, Mevlânâ Şemseddin Malti (Allah ruhunu şad etsin) bir seferinde bir ilim adamının görünürde saygılarını sunmak için öğrencileriyle beraber Mevlânâ'ya geldiğini rivayet etmiş. Ama adam aslında içten içe Mevlânâ'nın bilgisini sınamayı ve ona bazı sorular sormayı umuyormuş. Elbette öğrenciler, öğrenilmesi gereken her şeyi her zaman kendi öğretmenlerinin bildiğini düşünüyorlarmış. Onlar da Mevlânâ'nın bilgisinin ne kadar derin olduğunu sınamak istiyorlarmış.

Mevlânâ ziyaretçilerini nezaketle karşılamış (ama niyetlerini de sezmiş) ve çeşitli meselelerle ilgili bir konuşma yapmış. Sonrasında ise, âdeti gereği önemli bir meseleye dokunmak için iki genç ilahiyatçıyla ilgili mecazi bir hikâye anlatmaya başlamış: biri dilbilgisi uzmanıymış, diğeri ise sıradan dinî ilimlerde oldukça bilgili olmasına rağmen yalnızca mistik bir yolun "takipçisi" imiş. İkisi birlikte bir yürüyüşe çıkmışlar ve sohbet ederken, kelimelerin kendisine çok fazla önem vermeyen adam bir kelimeyi biraz alışılmadık bir vurguyla telaffuz etmiş. Dilbilgisi uzmanı olan itiraz etmiş, daha büyük bir bilgiye sahip olan kendisinin (böyle söyleyerek yalnızca kitaplardan edindiği bilgilerden ne kadar gurur duyduğunu göstermiş), kelimenin bu şekilde kullanılmasına müsaade edemeyeceğini söylemiş. Uzun bir süre tartışmışlar ve önlerine bir körkuyu çıktığını ikisi de fark etmemiş. Dilbilgisi uzmanı kuyuya düşüvermiş. Diğer adamdan kendisini kurtarmasını istemiş. Kuyunun başındaki adam, yalnızca itirazını geri çekerse onu yukarı çekeceğini söylemiş. Ama dilbilgisi uzmanı geri adım atmamış ve kendisinin daha üstün bir bilgiye sahip olduğu konusunda ısrarcı olmuş. Diğer adam dilbilgisi uzmanını olduğu yerde bırakıp yoluna devam etmiş.

Bu metaforik hikâyeyi anlattıktan sonra Mevlânâ kendisinden memnun ve gururlu ziyaretçisine imalı bir bakışla dönmüş ve şöyle demiş: "Bir kimse kibrinde bu kadar 'ısrarcı' olmaktan kaçınmazsa, her zaman karanlığın kuyusunda tutsak kalır –başkalarının gördüğü ama kendisinin görmediği bir karanlık– kontrol edilemeyen bir nefs, dilbilgisi uzmanının karanlık kuyusu gibidir ve yersiz bir kibir hissi bu duygunun sonucudur." Bu gizemli anlamlar içeren hikâyeyi duyup anladıktan sonra tüm ziyaretçiler bundan çok etkilenmiş ve Mevlânâ'nın müridi olmuşlar.

## DERVİŞ VE DEVE

Rivayete göre, bir gün Mevlânâ'nın huzurunda toplananlar, ülkenin yöneticisi olan Muineddin'e, onun yönetimi altında herkesin fiziksel bir rahatlık ve refah içinde olduğunu ve onun muazzam bir cömertlik gösterdiğini anlatan methiyeler düzüyorlarmış. Mevlânâ bunun ve hattâ çok daha fazlasının doğru olduğunu, ancak hayatın başka bir yönü daha olduğu söylemiş (yani yalnızca fiziksel önderliğin yeterli olmadığını ve manevi önderliğin de çok kıymetli bir yeri olduğunu kastetmiş) ve bir hikâye anlatmış. Hikâyeye göre bir hacı kafilesi Mekke'ye doğru bir hac yolculuğuna çıkmış. Onlarla aynı kervanda yol alan bir Derviş'in devesi hastalanmış ve ne yaptılarsa deve ayaklarının üzerinde doğrulamamış. (Belli ki Derviş nezaketen kervana alınmış ve kendisine ait hiçbir eşyası yokmuş.) Bunun üzerine diğerleri hasta devenin sırtındaki kendi yüklerini indirip diğer develere bölüştürmüş ve Derviş'i (bineksiz bir şekilde) tek başına bırakmışlar. Mevlânâ, Derviş'i kervana almanın ne kadar gerekli olduğunu vurgulamış ve şu mısraları okumuş:

Yanınıza bir Rehber alın
Çünkü rehberiniz olmadan
Bu yol çok vahim bir hâl alır –
Rehbere bir isim verdim
İyi Talih Yıldızı
Çünkü kendisi yaşıyla değil
Deruni bilgisiyle
Rehber'dir.

# EŞEK

Rivayete göre bir gün Mevlânâ medresede vaaz verirken ve pek çok gizemin batınî anlamlarından söz ederken, öğrencilerden ve müritlerinden oluşan dinleyicilerine "Kuran'da seslerin en çirkini eşek sesidir, deniyor. Neden böyle dendiğini anlıyor musunuz?" diye sormuş.

Ve şöyle devam etmiş: "Hayvanların ve yaratıkların çoğu, ses çıkardıkları zaman dua eder ve Allah'a övgüler düzerler. Deve böyledir, dişi deve de; arıların vızıldaması, bir yaban arısının çıkardığı ses de böyledir. Ancak eşek bu tür bir amaçla anırmaz. Sesini yalnızca iki durumda çıkarır: aç olduğunda ve çiftleşmek istediğinde." Sonra devam etmiş: "Yüreğinde Rabbinin sevgisine yer olmayan adam da böyledir. Hattâ böyle bir kişi eşekten de beterdir."

Sonra da şu mısraları okumuş:

"Tutkuları
Eşeğinkine benzeyenler
Ondan daha da alçaktır.
Eğer Yol'u
Bilmiyorsan
O zaman
Eşek ne isterse
Git tam tersini yap."

Daha sonra bir hikâye anlatmış. Hikâyeye göre bir padişah başka hükümdardan, kendisine en kötü yiyeceği, en kötü huylu insanı ve en düşük seviyeli hayvanı göndermesini istemiş. Padişahın sadık dostu ona kötü bir yiyecek, Ermeni bir köle ve bir eşek göndermiş. Mektubunda da seslerin en çirkininin eşek sesi olduğunu söyleyen Kuran ayetini alıntılamış.

Yine rivayete göre, bir gün Mevlânâ ve arkadaşları Hüsameddin Çelebi'nin bahçesine doğru giderlerken Mevlânâ kendisine binek olarak bir eşek seçmiş. Bunu da şöyle açıklamış: "Şit, Üzeyir ve İsa gibi pek çok peygamber binek olarak eşeği seçmiştir. Ben de onların mübarek yollarını izliyorum."

*Dörtlük*:
Bir eşeğin sırtında gidin
Ey siz bilgeler
Çünkü eşeklerin çıplak sırtında yol aldı
Allah'ın Elçileri

O dönemde Aziz Şehabeddin de bir eşek sürüyormuş ve eşeği anırmaya başlamış. Eşeğin çıkardığı sese kızan Şehabeddin, bineğinin kafasına vurmaya başlamış. Bunun üzerine Mevlânâ onu azarlamış ve şöyle demiş: "Eşeğini dövme, sen hayvanı sürdüğün ve hayvan seni sürmediği için Allah'a şükret." Şehabeddin utanmış ve telafi olarak eşeğinin sırtından inip toynaklarını öpmüş. Mevlânâ şunları eklemiş: "İnsanların büyük bir kısmının da eşekler gibi aynı duygularla harekete geçtiğini düşünürsek, adil olmak adına çoğu insanı dövmek mi gerekirdi?"

# DÜNYEVİ KAYIPLAR

Rivayete göre, bir gün bir adam Mevlânâ'ya gelmiş ve dünyevi kayıplarından ve yoksulluğun asla peşini bırakmadığından acı acı yakınmış. Mevlânâ ona etrafında bulunmaktan kaçınmasını tavsiye etmiş ve eklemiş: "Bizim yanımıza gelme ve bizden ve bizim gibi olan insanlardan uzak dur ki dünyevi servet seni bulabilsin." Sonra aklından şunları okumuş:

"Gel ve benim gibi ol,
Ey soylu kişi;
Ve fani şeylerin
Ne derinliklerinin ne de yüceliklerinin
Peşine düş.
Çünkü Şeytan'ın tıyneti
Bundan
Müteşekkil olsaydı
Padişahlara yakışır bir taç donanır
Ve bilgelerin kılığına bürünürdü."

Yine bir rivayete göre, bir seferinde Hz. Muhammed, sahabeden birine şöyle demiş: "Demir eldivenler giy ve zorluklarla karşılaşmaya ve sıkıntılarla boğuşmaya hazır ol, çünkü dünyevi servete duyulan hoşnutsuzluk, Rabbini sevenler için bir nimet gibidir."

Mevlânâ'nın anlattığı bir hikâyeye göre, bir zamanlar bir Mistik, zengin bir adama günahı mı yoksa parayı mı daha çok sevdiğini sormuş: Adam parayı daha çok sevdiğini söylemiş. Mistik şöyle demiş: "Ağzından çıkan hakikat değil, çünkü tüm varlığını ardında bırakıp tüm yaptıklarını yanına alacaksın."

"En sevdiğin şeyi (parayı)" diye devam etmiş Mistik, "yanında götürmeni sağlayacak bir şey yap (yani hayır hasenat işlerine harca). Böylece sen Allah'ın yanına varmadan önce servetini ona göndermiş olursun. Çünkü Kuran'da da dendiği gibi, 'Kendiniz için önceden ne iyilik gönderirseniz, onu Allah katında daha üstün bir iyilik ve daha büyük mükâfat olarak bulursunuz.'"

## ŞEREF YERİ

Yine bir rivayete göre, bir gün Aziz Muineddin pek çok yakın arkadaşını ve takva ve ilim erbabını evine davet etmiş ve geldiklerinde hepsi de bilgilerinin derecelerine uygun olarak gidip şeref konuklarına ayrılan sedirlere oturmuşlar. Ancak Vali, Mevlânâ'nın da toplantıyı onurlandırmasını istiyormuş. Vali'nin damadı Mecdeddin, Mevlânâ'yı alıp getirmesi için gönderilmiş. Bu arada, tüm şeref konuklarına ayrılan sedirlere birileri oturduğundan seçkin insanlar arasında Mevlânâ'nın nereye oturacağına dair bir tedirginlik yayılmaya başlamış. Herkes kendi itibarından emin olduğu için, Mevlânâ'nın geldiğinde müsait olan neresi varsa oraya oturabileceği konusunda hemfikir olmuş. (Hiç kimse kendi şerefli yerini teklif etmeyecekmiş, çünkü hepsi de kendilerine göre önemli insanlarmış.) Mevlânâ'yı getirmek için giden kişi uygun sözlerle onu davet etmiş. Hüsameddin Çelebi ve diğerlerini de yanına alan Mevlânâ, davet edildiği eve doğru yürümeye başlamış.

Mevlânâ'nın müritleri önden yürümüşler. Hüsameddin Çelebi eve ayağını basar basmaz, tüm büyük bilgeler onun oturması için bir yer açmışlar. Daha sonra Mevlânâ gelmiş ve Vali aceleyle onu karşılamaya gitmiş ve bir saygı ifadesi olarak ellerinden öpmüş. Mevlânâ, oradaki itibarlı kişilerin şeref yerlerinin hepsini doldurduğunu görünce, onları selamlamış ve sofadaki sekinin yanına yere oturuvermiş.

Mevlânâ'nın yere oturduğunu gören Hüsameddin Çelebi yerinden kalkmış ve gidip Mevlânâ'nın yanına oturmuş. Diğer önemli insanlar da kalkıp Mevlânâ'nın oturduğu yere gelmiş ama Şeyh Nasireddin ve Seyyid Şerefeddin gibi her biri kendi alanında önemli, ancak sanki koskoca bir kütüphaneyi yalayıp yutmuş gibi davranan, hasetlerinden Mevlânâ'nın büyüklüğünü kabul etmek istemeyenler kendi yerlerinde oturmaya devam etmişler. Derler ki, Şerefeddin çok önemli niteliklere sahip ve bilgi dolu bir insanmış, ama fazla dobra konuşur ve fazla ileri gidermiş. Mevlânâ'nın, şeref yerinde oturanlardan birçok kişiyi kendi yanına çektiğini ve sedirin artık neredeyse bomboş olduğunu görünce, başköşenin neresi olduğunu ve bu toplantının asıl başkanının kim olduğunu sormuş.

Şeyh Şerefeddin, Horasanlı pirlere ve dünya işlerinden el etek çeken kişilere göre, başköşenin sofanın köşesi olduğu şeklindeki görüşü dillendirmiş. Ancak Şeyh Sadreddin, sufiler âleminde başköşenin, sofanın en ucundaki yer olduğunu söylemiş. Sonra da onu sınamak için Mevlânâ'ya başköşenin neresi olduğunu sormuşlar. Mevlânâ şu mısraları okumuş:

"Kimin nerede oturduğunun
Ya da kimin başı çektiğinin
Bir mânâsı var mıdır?
Bizler ve ben, kimiz?
Yârimiz neredeyse biz de oradayız."

"Yâr neredeyse başkan oradadır," demiş Mevlânâ. Bunun üzerine Seyyid Şerefeddin, "Peki Yâr nerededir?" diye sormuş: Ey kör adam, göremiyor musun?" demiş Mevlânâ ve şu mısraları okumuş:

"Senin batınî gözün yok ki göresin –
Aksi takdirde
Tüm varlığınla
Tepeden tırnağa
O'nunkinden başka bir sanat
Göremezdin."

Daha sonraları, Mevlânâ bu dünyayı terk ettikten ve Şerefeddin, Şam'a gittikten sonra görme yetisini kaybetmiş (Mevlânâ'nın öngördüğü gibi). Bu yüzden sürekli ağlayıp sızlanıyormuş. Mevlânâ ona bağırdığı zaman sanki gözlerinin önüne siyah bir perde çekmişler gibi hissettiğini, ne nesnelerin renklerini anlayabildiğini ne de şeyleri net bir şekilde görebildiğini söylemiş. Ancak affediciliği sınırsız olan Mevlânâ'nın, kibrini affedeceğini umuyormuş. Şu mısraları okumuş:

"Affedilmekten yana
Umudunu kesme
Mağfiret denizi büyüktür
Eğer pişmanlık gösterirsen.
Çünkü günahların affedilmeyi arzu eder
Namazla ve tefekkürle.
Çünkü O'nun affediciliği sonsuzdur."

Bir rivayete göre benzer bir olay Celâleddin Karatayî'nin evinde gerçekleşmiş. O, medresesinin inşaatını tamamladıktan sonra çok sayıda âlimi ve önemli kişileri medresenin açılış merasimine davet etmiş.

O gün Mevlânâ Şems-i Tebrîzî şehre yeni gelmiş ve diğer ilim insanlarıyla birlikte sofada otururken, Mevlânâ'ya bir toplantıda başköşenin neresi olduğunu sormuş. Mevlânâ cevap vermiş: "İlim insanları arasında başköşe sofanın merkezidir. 'Tasavvufun gizemlerinin peşine düşmüş insanlar arasında ise başköşe, sofanın köşesidir. Sufiler için sofanın en ucundaki yerdir. Âşık olanlar için başköşe, sevgilinin yanıdır." Bunu söyledikten sonra olduğu yerden kalkmış ve Şems'in yanına oturmuş. Söylenenlere göre, bu olaydan sonra Şems-i Tebrîzî, Konya halkı tarafından daha iyi tanınmış.

Yine bir rivayete göre, bir seferinde Vali Muineddin, Mevlânâ'nın şerefine düzenlenen bir musiki ve sema meclisine insanları davet etmiş. Birçok bilgin ve arif oradaymış. Gece yarısına kadar ortamdaki hava çok yüksek noktalara ulaşmış. Bunun sonucunda da yemeklerin hepsi soğumuş ve yenemez hâle gelmiş. Ev sahibinin hizmetçisi bu durumu efendisinin kulağına fısıldamış, o da durumu münasip bir şekilde Mevlânâ'ya anlatmak için fırsat kollamaya başlamış. Mevlânâ olayı sezmiş ve şöyle demiş: "Bir su değirmeninin yanında oturan adam nasıl olur da su kontrol edilemez bir güçle akarken değirmeni durdurabilir?"

Ev sahibi bu benzetme karşısında duygulanmış ve gözleri yaşarmış. Yemekler yoksullara dağıtılmış ve taze yemekler hazırlanmış.

# İLAÇLARIN MUCİZESİ

Bir rivayete göre, bir zamanlar Rum Diyarı'ndaki hekimlerin en önde geleni, yılan ısırığından mustarip yetmiş kişiyi tedavi edecek ilaç ve haplar hazırlamış. Bunu o dönemin kralının emri üzerine yapmış. Kral ayrıca, olası sonuçlara hazırlıklı olmak adına yetmiş fincan müshil hazırlanmasını da emretmiş.

Ancak tam da ilaçlar hazırlanmışken, Mevlânâ hekimi ziyaret etmek için evine gelmiş. Her zaman olduğu gibi, Ekmeleddin adındaki hekim Mevlânâ'yı büyük bir hürmetle karşılamış. Yetmiş fincan içindeki ilaçları gören Mevlânâ, fincanları birbiri ardına içmiş, her birini içtikten sonra da Allah'a nimetlerinin mükemmel lezzetleri için şükrediyormuş.

Hekim öylesine afallamış ki ağzını açıp konuşamamış, Mevlânâ'ya bu ilaçların normal bir insan üzerinde yapacağı güçlü etkiyi söylemeye cesaret edememiş. Bu etkili ilaçları mideye indirdikten sonra Mevlânâ kaygısız bir şekilde oradan çıkıp medresesine doğru gitmiş. Hekim Mevlânâ'nın müritlerini olup biten hakkında uyarmış. Onun gibi onlar da, ilaçların Üstatları üzerinde yaratacağı etkiden endişe etmişler. Üstatları ibadet ve mistik alıştırmalarla geçen uzun yaşamı boyunca bedenini şiddetli bir şekilde zorladığı için doğal olarak çok dikkatli olması gerekiyormuş. Tek bir fincan ilaç bile gücünü aşabilirmiş. Hekim rahat edememiş, kalbi endişeyle dolu bir şekilde kalkıp Mevlânâ'nın yaşadığı yere gelmiş. Mevlânâ'yı mihraba dayanmış, batınî felsefeyle ilgili bir kitaba dalmış, dingin bir hâlde onu okurken bulmuş.

Hürmetkâr bir şekilde selam verdikten sonra nazikçe Mevlânâ'ya kendini nasıl hissettiğini sormuş. Mevlânâ'dan, serin bir nehrin kenarında oturuyormuş gibi sakin ve mutlu olduğu cevabını almış. Hekim nazikçe, serin sulardan içmekten kaçınmanın akıllıca olabileceğini söylemiş. Bunun üzerine Mevlânâ bir bardak buzlu su getirilmesini buyurmuş. Daha da soğusun diye içine biraz daha buz koymuş ve buzdan küçük ısırıklar almaya başlamış ve suyun tamamını dikip bitirmiş. Sonra banyoya girmiş, çıktıktan sonra da musiki çalınmasını buyurmuş ve üç gün boyunca aralıksız olarak sema etmiş.

Hekim, ilaçların etkisine karşı bu kadar kayıtsız kalmanın insan işi olamayacağını, böyle bir şeyin ancak evliyalar tarafından gerçekleştirilebileceğini söylemiş. Sonra da tüm oğulları ve ailesiyle ve akrabalarının tümüyle birlikte Mevlânâ'nın müridi olmuş ve olup bitenleri hekim dostlarına anlatmış.

Aşağıdaki mısralar bunu anlatır:

"Zehir içse ona tesir etmez,
Ama 'kemala ermemiş bir mürit' içse,
Zehir yüzünden aklı gider gönlü kararır!
Zehir, ilk halife Ebu Bekir'i
De etkilemedi
Çünkü onun için zehir, şekerden farksızdı."

Burada ima edilense, ilk halife Ebu Bekir'in Hz. Muhammed'le birlikte Mekke'den Medine'ye yaptıkları Hicret esnasında düşmanlarından saklanmak için bir mağaraya girdiklerinde yaşanan olaylardır. Mağaradaki bir delikten bir yılan başını çıkarır, Ebu Bekir ise ayak başparmağını deliğin üzerine koyar. Yılan ısırır, ancak zehir ona zarar vermez.

# KANIN MUCİZESİ

Rivayete göre, o dönemde hekimler arasında "İnsanlar damarlarında akan kan vasıtasıyla mı yaşar yoksa yalnızca Allah'ın Rahmeti'ne bağlı oldukları için mi?" diye büyük bir entelektüel tartışma başlamış. Tıp doktorları doğal olarak kanın, insan bedeninin öz suyu olduğu düşüncesini savunuyormuş. Eğer kan, damarlardan çekilirse yaşam da sona erermiş.

Batinî düşünceye mensup düşünürler ise farklı bir görüşü savunuyormuş. Konuyu Mevlânâ'ya götürmüşler.

Mevlânâ tıp bilimi açısından, gayet doğal olarak, insan bedeninde kanın varlığının asli bir öneme sahip olduğunu söylemiş: "Ama bizim düşünüş şeklimize göre, insanın var oluşu Allah'ın İradesi'ne bağlıdır ve bunu kimse ne inkâr edebilir ne de etmelidir." Böyle dedikten sonra birini çağırıp kanını almasını istemiş. Kendinden o kadar çok kan aldırmış ki onun yerinde normal bir insan olsa son nefesini verir ve o kadar kan kaybettikten sonra teninin rengi sarıya dönermiş. Hekimlere bu durumu gösterdikten sonra onlara hâlâ insanların Allah'ın Rahmeti olmadan, yalnızca kan sayesinde yaşayabileceklerine inanıp inanmadıklarını sormuş.

Hepsi başlarını onaylarcasına eğmiş ve onun müridi olmuşlar. Mevlânâ kalkıp banyosuna gitmiş ve sonrasında hiçbir şey olmamış gibi ilahilerin söylendiği, şiirlerin okunduğu meclisine dönmüş.

# NEDEN BİLGELER EVLİYALARDAN BAHSEDER

Rivayete göre Mevlânâ Şemseddin Malti, Mevlânâ'yı ziyaret etmek için evine gitmiş ve onu tek başına otururken bulmuş. Üstat ona daha yakına gelip oturmasını söylemiş. Bunun üzerine Malti daha yakına oturmuş, ama Mevlânâ ondan daha da yaklaşmasını istemiş, öyle ki hattâ Malti'nin dizleri Mevlânâ'nınkilere değmiş. Sonra Mevlânâ, Seyyid Burhaneddin ve Mevlânâ Şems-i Tebrîzî'nin kerametlerinden bahsetmeye başlamış. Malti, bu anlatılanları dinlerken kendinden geçmiş. Sonra Mevlânâ, açıklama yapmak için şöyle demiş:

"Böyle hissediyorsun, çünkü ne zaman bir insan salihlerin yüceliklerinden söz edecek olsa Allah'ın merhameti lütufkâr bir yağmur gibi iner ve insanın zihnini tazeler."

Yine bir rivayete göre, Mevlânâ ne zaman banyo yapsa, karısı müritlerine sıcak banyodan sonra üşütmesin diye ipek bir yaygı verirmiş.

Bir gün, müritleri ipek yaygıyı bu amaçla açarken, Mevlânâ (yaptıkları şeyi görüp nedenini tahmin ederek) onu soğuktan koruyan kıyafetlerini birden üzerinden atıvermiş ve dışarıdaki avlunun soğuğuna çıkmış. Müritler onun kendisini sıcak kıyafetlere sarmak yerine karla kaplı avluda öylece dikildiğini görmüşler.

Kocaman bir parça buzu alıp başının üzerine yerleştirmiş. Açıklama olarak da müritlerine şöyle demiş:

## SOĞUĞA DAYANIKLI

"Ey dostlarım, maddi varlığımın şımarmasına izin vermeyin. Ben Firavun'un kavminden değilim. Tüm büyük dervişlerin sultanı olan o padişahın soyundanım." Bunu söyledikten sonra sarığını başına geçirmiş ve oradan uzaklaşmış.

## ASİ NEFS

Rivayete göre Sultan Veled (Mevlânâ'nın oğlu), Mevlânâ'nın daha beş yaşındayken arzularının ve ihtiraslarının çoktan ölmüş olduğunu söylemiş. "Babam önce kemalata erişti, sonra orta yaşlarına geldi. Sürekli olarak yoğun bir şekilde ibadet ederdi. Nefsinden feragat etti, tüm maddi rahatlıklardan el etek çekti ve dünyevi şeylere yönelik arzularını bastırdı. Ona arzuları bu kadar erken bir yaştayken bastırılmış olduğu hâlde neden zühd peşinde olduğunu ve neden fiziksel istek ve arzularına karşı hâlâ bu kadar tetikte olduğunu sordum. Bana nefsin sinsi bir düzenbaz olduğunu ve insanın her zaman 'kötülüğün kendisini ele geçirmesine karşı teyakkuz hâlinde' olması gerektiğini söyledi."

Asi nefsinin dizginlerini çek
Her zaman, kuvvetle –
Dünyanın imansız çiçeklerinin
Kurduğu tuzaklara dikkat et.
Kutsal kıyafetlerine
Ya da tespihinin uzunluğuna inanma.
Ne onunla dostluk kur,
Ne de onunla birlikte sürüklen.

# BİR MÜRİDİ KABUL ETMEK

Hüsameddin Çelebi, Seyyid Şerefeddin'in Konya'da nam salmış saygın bir arkadaşı olduğunu rivayet eder. Bu adamın erdemli ve zeki bir oğlu varmış. Bu delikanlı, Mevlânâ'nın takvasından ve erdeminden çok etkilenmiş ve çok küçük yaştan itibaren onun müridi olmak istemiş. Oğlanın babası, Mevlânâ'nın öğretilerinin oğlu için fazla ileri olduğunu düşündüğü için hemen izin vermemiş. Ancak çocuk, eğer kendisine bu büyük bilgenin müridi olması için izin vermezse kendisini öldüreceğini söyleyerek babasını tehdit etmiş. Oğlanın babası nihayetinde razı olmuş ve konuyu Seyyid Şerefeddin'e açmış. Şerefeddin ise babaya doğrudan olumsuz bir yanıt vermek yerine bir plan kurmuş. Ona, Mevlânâ'ya gidip oğlunun cennete girip girmeyeceğini sormasını tavsiye etmiş. Küstah bir sorunun sorulması Mevlânâ'yı kızdırabilir ve böylece oğluna Mevlânâ'nın müridi olması için verdiği izin kendiliğinden ortadan kalkarmış.

Delikanlının babası, tüm kasabanın ilim erbabı için büyük bir ziyafet vermiş. Bunun ardından her zaman olduğu gibi sema edilmiş ve musiki dinlenmiş. Sema zirveye vardığı bir anda, baba kendisine önerilen soruyu sormuş. Mevlânâ tereddüt bile etmeden, delikanlının kaderinde cennete gitmek ve Allah'ın lütfuna mazhar olmak olduğunu söylemiş. Delikanlı kasabadaki kendi yaşıtları gibi değilmiş, çünkü o tasavvufi öğretilere çekilirken diğerleri çekilmiyormuş. Bunun üzerine genç oğlanın babası da oğluyla birlikte Mevlânâ'nın müridi olmuş.

## MÜRİTLERİN YETERSİZLİĞİ

Rivayete göre bir gün meşhur Muineddin, Mevlânâ'nın muhteşem takvalı bir insan olduğunu ve kuşaklar boyunca onun gibi birinin dünyaya gelmediğini, ancak müritlerinin yetersiz ve kendi menfaatinin peşinde kişiler olduğunu söylemiş.

Orada olanlardan biri bu konuşulanları Mevlânâ'ya aktarmış ve müritleri bu duruma çok içerlemiş.

Bunun üzerine Mevlânâ, bunları söyleyen kişiye şöyle bir mesaj göndermiş: "Eğer müritlerim yeterli niteliklere sahip olsaydı onların mürşidi değil müridi olurdum. Eksik meziyetlerini 'saflaştırmak' adına onları mürit olarak kabul ettim." Sonra da şöyle demiş: "Babamın temiz ruhuna yemin olsun ki, Allah bu insanları lütfuyla koruması altına alıp onları kabul edilmelerini sağlayacak doğru yola sokmasaydı benim müridim olmazlardı." Sonra şu mısraları okumuş:

"Yollarını yitirmişlerdi
Oyalanıyorlardı
Kudsiyete Giden Yol'da
Ki biz geldik kurtarmaya
Çabalamak zorundayız,
yardım eli uzatmaya."

Muineddin, Mevlânâ'nın mektubunu aldığı zaman, söylediklerinden o kadar etkilenmiş ki hemen müridi olmuş ve ondan sonra ona sadakatle hizmet etmiş.

# TELEPATİK ZİYARET

Rivayete göre, Mevlânâ'nın medresesinin yakınlarında genç bir tüccar yaşarmış ve onun öğretileri gencin çok ilgisini çekermiş. Ancak bu genç, arkadaşlarının itirazlarına rağmen Mısır'a seyahat etmeyi çok istiyormuş. Planını duyduğunda Mevlânâ da karşı çıkmış. Ama genç tüccar yola çıkmayı kafasına koymuş. Güzel bir gece Suriye'ye doğru yola koyulmuş. Antakya'ya vardığında Mısır'a giden bir gemiye binmiş. Kötü talih yüzünden gemi, içindeki tüccarla birlikte Frenklerin eline geçmiş ve tüccar bir zindana atılmış. Kendisine doğru düzgün yemek vermemişler. Kırk gün boyunca bir karanlık hücrede kalmış ve sürekli, tutsak düşmesinin sebebinin Üstadına, yani Mevlânâ'ya itaat etmemesi olduğunu düşünüp hayıflanmış.

Kırkıncı günün gecesinde Mevlânâ'yı rüyasında görmüş. Mevlânâ ona, ertesi gün onu tutsak eden Frenklerin kendisini sorgulamaya alacağını, kendisine sorulan tüm sorulara olumlu yanıt vermesi gerektiğini söylemiş. Uykusundan sıçrayarak uyanmış. Gerçekten de Frenkler, yanlarında bir tercümanla birlikte onu sorgulamaya gelmişler. Ona hekimlikten anlayıp anlamadığını sormuşlar, o da rüyasında ona söylendiği gibi kendisinin uzman bir hekim olduğunu söylemiş. Frenkler bunu duyduklarına çok sevinmişler ve hemen acilen bir hekimin müdahalesine ihtiyaç duyan hasta krallarını görmesini istemişler. Tutsağa münasip kıyafetler verilmiş ve "seçkin bir hekim" sıfatıyla hemen saraya götürülmüş. Yolda ona ilham gelmiş, hastayı gördükten sonra bu ilhamla yedi çeşit meyve saymış. "Bunları getirin, suyunu sıkın ve hastaya içirin," demiş. Allah'ın lütfuyla, Kral'ın hastalığı anında iyileşmeye başlamış. Kral çok memnun kalmış ve genç tüccar saygın bir misafir konumuna yükselivermiş. Adam okuma yazma bile bilmiyormuş, ama ilahi yardım ona erişmiş:

> Mazlumların yardım çığlığı
> Onların kulaklarına eriştiğinde
> Onlar yardıma gelirler.

Kral normal sağlığına kavuştuğunda, tüccara onu nasıl ödüllendirebileceğini sormuş. Genç tüccar istediği tek şeyin salıverilmek ve evine dönüp mürşidinin önünde diz çökmek olduğunu söylemiş. Kendisine hediyeler verilmiş ve salıverilmiş. Hikâyesini Frenklere anlattığında Mevlânâ'nın yardımından ve manevi güçlerinden çok etkilenmişler.

Tüccar Konya'ya vardığında doğrudan Mevlânâ'nın evine gitmiş. Ayaklarını öpmüş, saygı ve şükranını sunmuş. Mevlânâ onu görmekten duyduğu memnuniyeti dile getirmiş ve sevgiyle tüccarın yüzünü öpmüş. Sonra şöyle demiş: "Frenklerin istediğini yerine getirip salıverilme deneyimini yaşadıktan sonra, kanaat et, doğruluk ve memnuniyet içinde bir hayat sürmek için daha da fazla çaba göster. Çünkü kanaat etmek Allah'ın rahmetindendir ve açgözlülük kişiyi karanlık zindanlara sürükler."

## ZENGİN VE FAKİR

Yine bir rivayete göre, Mevlânâ'nın ateşli müritleri, şehirdeki önemli insanların bir kısmının Mevlânâ'yı ziyarete gelmek yerine ilim ve takva açısından daha düşük düzeyde kişilere gitmesinden esefle yakınmışlar. Bu kişilerin Mevlânâ'nın gerçek değerini yeterince takdir etmediklerini düşünüyorlarmış. Mevlânâ tüm bunlara cevap olarak, "Eğer şehirdeki varlıklı ve önemli insanlar bana gelseydi fakir insanlar varlığımdan yoksun kalacaklardı," demiş.

Mevlânâ'nın müritlerinin bu yakınmaları sanki Konya'daki zengin kesimin kulaklarına uçmuş gibi, ertesi sabah kendilerine dünyevi nimetler bahşedilmiş olan büyük bir grup insan, Mevlânâ'nın hayırduasını almaya gelmiş. Bu kişiler arasında Fahreddin, Muineddin, Helaleddin Mustafa ve Emineddin Mikail de varmış. Mevlânâ'nın evinin avlusu şehrin meşhur insanlarıyla dolup taşmış ve medresede fakir müritlerin oturup da Üstatlarının sohbetini dinleyecekleri yer kalmamış.

Bunun sonucunda, bu insanlar evin dışında durmak zorunda kalmışlar ve Mevlânâ'dan doğru düzgün ilgi görememişler. Bu, dünyevi nimetler açısından talihsiz olan bu kişiler için büyük bir mutsuzluk kaynağı olmuş. Zengin kesim avludan ayrılır ayrılmaz fakir müritler içeri girip saygıda kusur etmeden hocalarına dışarıda kaldıkları için yakınmışlar. Mevlânâ, gerçek dostlarının yoksullar olduğunu ve bu sohbetlerin her zaman daha alçakgönüllü ve daha az zengin kimselere hitap ettiğini, zenginlerin aslında fakirler için verilen derslerin "kırıntılarını" aldıklarını söyleyerek onları rahatlatmış. Örneğin, keçiler yavrularını besledikten *sonra* kalan kısmı insanlar içermiş. Kırıntılar zenginler içinken, asıl faydalı olanlar yoksul müritler içinmiş. Mevlânâ bir de şunu eklemiş: "O sabah zengin insanların oraya akın akın gelmesinin nedeni, sizin daha önce zengin kesimin beni ziyaret etmemesinden şikâyet etmeniz. Onları ben davet etmedim. Sizin bunu kötü bir şey olarak görmemeniz ve zengin kesimin kendi erdemli yollarında yürümeye devam etmesi ve dervişlerin yoluna çıkmaması ve geçimlerini huzur ve mutluluk içinde kazanmaya devam etmeleri için dua etmeniz gerekir. "

# BİR ŞEHRİN İSMİ

Rivayete göre, bir gün Mevlânâ, Şeyh Ziyaeddin'in Kuran okuduğu bir meclisteymiş. Şu ayetler okunmuş:

Yemin olsun kuşluk vaktine
Kararıp sakinleştiğinde geceye ki
Rabbin seni bırakmadı ve sana darılmadı.[3]

Bu ayetler Mevlânâ'yı çok etkilemiş, ancak Hüsameddin, Hafız'ın Kuran'ı sade bir şekilde değil, gösterişli bir şekilde okumasından dolayı özür dilemiş.

Bu Mevlânâ'ya bir olayı hatırlatmış. Seyahate çıkan bir dilbilgisi uzmanı, basit bir Arayıcı'ya aradığı şehrin yakınlarındaki şehir olup olmadığını sormuş. Dilbilgisi uzmanının cafcaflı telaffuzu dilin, o bölgede kullanılan sade telaffuzuna pek uymuyormuş. Dolayısıyla, mütevazı Arayıcı hayatında o isme sahip bir şehir duymadığını söylemiş.

Bu hikâyeyi anlatmakla Mevlânâ, okunan Kuran ayetinin içeriği aynı olsa da, Hafız'ın kattığı gösteriş nedeniyle, metnin ruhunun sadeliğinin bozulduğunu söylemek istemiş.

Hikâyedeki dilbilgisi uzmanı, şehrin isminin kendi telaffuz ettiği şekilde telaffuz edilmesi gerektiğinde ısrarcıymış. Arayıcı ise bunun doğru olabileceğini, ancak o şehrin halkının şehrin ismini belirli bir şekilde telaffuz ettiğini, o yüzden dilbilgisi uzmanının aradığı şehrin başka bir şehir olması gerektiğini söylemiş.

---
[3] Duhâ Suresi 93:1-3

## MERDİVEN VE HALAT

Rivayete göre, Mevlânâ tasavvuf felsefesinin yüce yönlerine dair bir ders veriyormuş. Konuşmasında bir hikâye anlatmış. Hikâyeye göre bir Derviş, bir dilbilgisi uzmanının karanlık bir gecede yanlışlıkla içine düştüğü körkuyunun yanından geçiyormuş ve talihsiz adam birileri yardım etsin diye bağırıyormuş. Derviş kuyudaki adama, hemen bir halat ve bir merdiven kapıp onu kuyudan kurtaracağını söylemiş. Ancak dilbilgisi uzmanı, Derviş'i dilin doğru kullanımına göre önce "merdiven" kelimesini, sonra "halat" kelimesini söylemesi gerektiği konusunda uyarmış. Bunun üzerine Derviş şöyle demiş: "Ben doğru düzgün konuşmayı öğrenene kadar orada kal!"

Mevlânâ bu kıssadan şu hisseyi çıkarmış: Sürekli kılı kırk yaran ve şeylerin içsel anlamlarını keşfetmeye çalışmayan kişiler, kuyudaki adam gibidir. Kendinden menkul uzmanlıklarının zorluklarıyla boğuşur dururlar, onları düzgün bir manevi doğrultuya sokacak bir üstat da aramazlar.

Yine bir rivayete göre, Aziz Selâhaddin'in, Mevlânâ'ya çok bağlı olan ve alım satım işleriyle uğraşan bir müridi varmış. Bu tüccar, uzun zamandır İstanbul'u ziyaret etmeyi düşünüyormuş. Gerekli tüm düzenlemeleri yaptıktan sonra, hayırduasını almak için Mevlânâ'yı ziyaret etmiş.

# KEŞİŞ VE MUCİZE

Mevlânâ tüccara, İstanbul'a gittiği zaman dünyadan el ayak çekmiş olan Hıristiyan bir keşişi ziyaret etmesini ve Mevlânâ'nın selamlarını iletmesini söylemiş. Tüccar İstanbul'a varır varmaz ilk iş Frenk keşişin yanına gitmiş ve onu erdem halesiyle sarılı bir hâlde oturmuş tefekkür ederken bulmuş. Tüccar saygılı bir şekilde Mevlânâ'nın selamını keşişe iletmiş, o da saygılı bir şekilde ayağa kalkıp bu dostluk ifadesini kabul etmiş. Sonra da dizleri üzerine çöküp ibadet etmeye devam etmiş.

Tüccar, keşişin hücresine göz gezdirmekten kendini alamamış. Şaşkınlıkla, Mevlânâ'nın da derin bir tefekkür içerisinde hücrenin bir köşesinde oturmakta olduğunu görmüş. Kısa süre önce Konya'da ona veda ederken üzerinde gördüğü kıyafetleri, sarığı ve yüzünde aynı ifade varmış. Tüccar bunun karşısında o kadar sarsılmış ki bilincini yitirmiş. Kendine geldiğinde keşiş onu teskin etmiş. Eğer "özgür" olanların gizemlerinin farkına varabilirse, manevi açıdan daha yüce bir seviyeye erişeceğini söylemiş. Keşiş, tüccarın seyahatleri ve işleri açısından ona yardımcı olabilecek kişilere göstermesi için ona bir mektup vermiş.

Tüccar bu mektubu İstanbul'daki hükümdara getirmiş, o da onu sultanlara layık bir şekilde karşılamış ve tüm isteklerini yerine getirmiş. Şehirden ayrılmadan önce hayırduasını almak için keşişin yanına gittiğinde, keşiş de Mevlânâ gibi, tüccardan, selamlarını Mevlânâ'ya iletmesini ve hayırdualarını göndermeyi unutmamasını söylemesini istemiş. Ancak, tüccar Konya'daki evine dönüp de yolculuğu esnasında olup bitenleri Şeyh Selâhaddin'e anlattığında, Şeyh Selâhaddin, tüccara velilerin söylediği her şeyin doğru olduğunu söylemiş, ancak böylesi mistik olayları tasavvuf erbabı olmayan kişilere anlatmamasını tavsiye etmiş. Sonra da tüccarı Mevlânâ'ya götürmüş ve tüccar, İstanbul'daki Hıristiyan keşişin selamını ona iletmiş. Mevlânâ ise şöyle demiş: "Bak, mucizeyi göreceksin!" Tüccarın sonrasında gördüğü şey, yine şaşkınlıktan dilini yutmasına neden olmuş: Keşiş, Mevlânâ'nın odasının bir köşesinde derin tefekkür içerisinde oturuyormuş ve tüccarın onu İstanbul'da gördüğü zaman giydiği kıyafetlerin aynısını giyiyormuş.

Bunun üzerine Tüccar vecd hâlinde üstünü başını yırtmış, çünkü olanlar insan aklının ötesindeymiş. Mevlânâ tüccarı bir köşeye çekmiş ve şöyle demiş: "Bu gördüklerinden sonra, saklı gizemlere şahit oldun ve artık bizim sırdaşımızsın. Bu gerçekleri onları hak etmeyenlere, mistik ilimler hakkında çok az şey bilenlere açık etme." Ve sonrasında şu mısraları okumuş:

"Sultan'ın sırlarını
Açık etmeyen
Ya da karıncalara şeker dökmeyen kişi,
Ancak ona emanet edilir sırlar
Aksi, mücevherleri
Kalabalıklara savurmaktan farksızdır."

Tüccar çok duygulanmış ve tüm servetini yoksullara dağıtmış, dünyevi meselelerden el ayak çekmiş ve Üstadın sadık bir müridi olmuş.

Yine bir rivayete göre, Mevlânâ camiden çıkmış şehre doğru yürürken sakallı bir keşiş görmüş ve ona, "Sen mi yaşlısın beyaz sakalın mı?" diye sormuş. Buna karşılık keşiş "Ben yirmi yaşındayken sakalım çıktı," diye cevap vermiş.

"Öyleyse sakalından daha yaşlısın," demiş Mevlânâ. Sonra da devam etmiş: "Senden daha genç olan sakalının erdem ve kutsiyetle beyazlaşmasına rağmen, senin hâlâ hayatın aynı karanlık sokaklarında dolaşıyor olman çok acıklı. Sen hâlâ sakalının girdiği yola girmemişsin."

Keşiş Mevlânâ'nın ne demek istediğini hemen anlamış, tespihini kırmış ve imana gelmiş ve Mevlânâ'nın en sadık müritlerinden biri olmuş.

Benzer bir şekilde, siyah cüppelere bürünmüş bir grup gördüklerinde, müritler onlara, doğru yoldan çıktıkları ve hakiki bir manevi hayata ait düşüncelere ve mistik duygulara sahip olmadıkları için acımışlar. Müritler, eğer kılavuzluk güneşi yanlışlıkla bile olsa bu kıyafetlere bürünmüş insanların üzerine düşse, yollarının aydınlanabileceğini düşünmüşler. Bu adamlar Mevlânâ'nın görüş açısına girer girmez –güneş onların üzerinde parlamış– ve anında Mevlânâ'nın rehberlik ettiği yola girmiş ve hemen onun sadık müritleri hâline gelmişler. Derler ki, Allah karanlığı aydınlığın içine saklar ve karanlıktan aydınlık yaratır. Mevlânâ'nın söylediği bu bilgece sözleri duyan müritler, hakikati kabullenerek başlarını daha da eğmişler.

## BATINÎ BENLİĞİNİ MÜKEMMELLEŞTİRMEK

Bir rivayete göre, ünlü bir fıkıh âlimi olan Mevlânâ İhtiyâreddin Fakih, cuma namazından sonra Mevlânâ'nın evine gidecekmiş Ancak geç kalmış. Bu arada Mevlânâ defalarca onu sormuş. Vardığı zaman Mevlânâ, geç kalmasının nedenini sormuş. Fakih, "Hucend'den gelen bir vaiz vaaz veriyordu. Onun vaazı sırasında camiyi terk etmek olmazdı onun için geç kaldım," demiş. Mevlânâ, vaizin ne üzerine konuştuğunu sormuş. O da Hucendli Hoca'nın, kendisinin ve dinleyicilerinin oldukları yerde oldukları için ne kadar şanslı olduklarından bahsettiğini ve iman ehli olmayan kişiler arasında doğmadıkları için şükretmelerini salık verdiğini söylemiş. Mevlânâ gülümseyerek şöyle demiş: "Zavallı Hoca bunu ve âli olanların yalnızca kendileri olduğunu söyleyerek, kendisini peygamberlerin ve evliyaların üzerinde görmüş. Bu tür insanlar kendi içsel benliklerini idrak edemezler (Yani bu tür insanlar büyük günahkârlardır ve kendi mistik varlıklarına dair çok az içgörüye sahiptirler, insanların yalnızca 'zahirî' benliklerine bakarlar ve mistik anlamların gizemlerini ihmal ederler.) ve bu insanlar kendi 'batınî varlıklarını', 'mistik nurun' ışığı altında mükemmelleştiren kişilerin faziletini anlamazlar." Sonra da Mevlânâ şu şiiri okumuş:

"Kanatlarını
Allah'ın tahtının etrafında
Çırpanlar vardır;
Ve melekler ve veliler
Rablerini sevenlerdir."

# YAKUTA DÖNEN TAŞ

Diğer önemli özelliklerine ek olarak büyük edip Hüsameddin önde gelen müritlerden biri olduğu Alâeddin Amasi'den rivayet eder ki; matematik, astronomi, kimya ve tarih alanlarında uzmanlaşmış olan Bedreddin Tebrîzî bir gün arkadaşlarına Hüsameddin Çelebi'nin bahçesinde Mevlânâ'yla birlikte katıldıkları, şafak sökene kadar devam eden bir musiki ve sema meclisinde olanları anlatmış. Şafak sökerken Mevlânâ müritlerin gözlerini kapatıp kısa bir uyku çekmelerine izin vermiş, kendisi ise derin bir tefekküre dalmış. Bedreddin şöyle demiş: "Ben de dinlenmek için arkama yaslanmıştım, ancak zihnim hâlâ çalışıyordu, Şit gibi, İsa gibi, İdris gibi, Süleyman gibi, Lokman ve Hızır gibi hepsi manevi anlamda büyük başarılara erişmiş ve mucizeler göstermiş insanlar hakkında düşünüyordum. Tüm bu insanlar cilt hastalıklarını iyileştirmek, adi metalleri altın gibi kıymetli metallere dönüştürmek gibi olağanüstü maharet ve becerilere sahiptiler. Mevlânâ'ya da bu tür niteliklerin bahşedilip edilmediğini merak ettim.

Ben bu tür düşüncelere kapılmışken, birden bir kaplan üzerime sıçramış gibi, Mevlânâ boğuk bir sesle ismimi söyledi ve sol elimin içine küçük bir taş bıraktı ve şöyle dedi: 'Git ve Allah'a şükranlarını sun.' Taşa yakından baktığımda, birden hiçbir kralın hazinesinde görmediğim güzellikte kocaman bir yakuta dönüştüğünü gördüm. Bu olay beni o kadar etkiledi ki bir çığlık attım. Bu ses orada uyumakta olan arkadaşlarımı uyandırdı. 'Neden bu saatte bu kadar yüksek sesle bağırıyorsun? Sanki sende on kişinin sesi var,' dediler."

Bedreddin uzun bir süre ağladığını ve mucizeler gerçekleştirip gerçekleştiremeyeceğini düşündüğü için Mevlânâ'dan af dilediğini söylemiş. Mevlânâ onu affetmiş, o da "yakuta dönüştürülmüş taşı" Mevlânâ'nın kızına götürüp hediye etmiş. O da yakutu toplam yüz sekiz bin dirheme satmış ve paranın hepsini müritler ve ihtiyaç sahibi kadın ve erkekler için kullanmış.

Daha sonra bu olayı yorumlayan Mevlânâ, kuru bir ağaç dalını saf altından bir yaya dönüştüren Derviş'i duyup duymadıklarını sormuş. Bu tür insanların onun arkadaşları olduğunu söylemiş ve cansız nesneleri (taşları ve bitkileri) kıymetli metallere dönüştürmenin muazzam bir mucize olduğunu ancak canlı şeylerin ruhlarını ve zihinlerini mistik "altınlara" dönüştürmenin daha büyük bir özellik olduğunu söylemiş ve şu mısraları okumuş:

"Hakikaten muazzamdır
Bakırı altına dönüştürmek
Bir Felsefe Taşı'nın yardımıyla!
Ancak "bakır"ın
An be an Felsefe Taşı'nı dönüştürmesi
Daha da muazzamdır!"

## DEMİR AYAKKABILAR

Mevlânâ Şemseddin Malti'nin (Allah'ın rahmeti üzerine olsun) rivayetine göre, Şeyh Seyfeddin Baherzî'nin (Allah'ın rahmeti üzerine olsun) oğlu Şeyh Müzhirüddin Konya'ya vardığında çok sayıda ilim insanı ve diğer önemli insanlar onu görmeye gelerek saygınlığı ve takvası sebebiyle ona iltifat etmişler ve saygılarını sunmuşlar. Tesadüf bu ki, Mevlânâ da müritleriyle birlikte Şeyh'in kaldığı konuk evinin yanından geçiyormuş. Bu esnada Şeyh Müzhirüddin de, Mevlânâ'nın, misafir olduğu için kendisini ziyaret etmesini beklediğini dolaylı olarak ifade etmek için, herhalde kendisinin şehre gelişinden Mevlânâ'nın haberinin olmadığını söylemiş.

Bu sözleri duyan müritlerinden biri durumu Mevlânâ'ya iletmiş. Mevlânâ ise gerçek "misafir"in Konya'ya gelen adam değil, kendisi olduğunu ve doğru olanın kendisinin Şeyh'i ziyaret etmesi değil, önce Şeyh'in onu ziyaret etmesi olduğunu söylemiş. Ancak müritleri ne demek istediğini anlamamışlar ve açıklama yapmasını istemişler, o da şöyle demiş: "Biz buraya her şeye hâkim olan Kadir-i Mutlak Olan'ın Bağdat'ından geldik. Kardeşimiz ise 'sıradan' (taşlardan ve killerden müteşekkil) Bağdat'ın sokaklarından birinden geldi. Dolayısıyla gerçek misafir biziz, o değil." Buradaki gönderme mistik bir göndermedir. Tasavvufun gizemleriyle demlenmiş bir kişi her şeyde, her taşta ve her yaprakta Allah'ı görür ve var olan her şeyin "birliğinde," "Allah'ın birliğini" görür. Bu sözler misafir Şeyh'in kulağına eriştiğinde, kendisi de "erdem ve batınî idrak" bahşedilmiş biri olarak bu sözlerin gerçek anlamını görmüş ve saygılarını sunmak üzere Mevlânâ'yı ziyaret etmiş ve onun en önemli müritlerinden biri olmuş. Şeyh, "Babam, 'Kişi demirden ayakkabılar giymeli (ki uzun uzun yürürken kırılmasınlar) ve dinlenmek için demirden bir asası olmalı, sonra da manevi anlamda yücelmesine yardımcı olsun diye kendisine Mevlânâ gibi bir mürşit aramalı,' derdi. Meğer söylediği her şey doğruymuş," demiş.

# EĞER ALLAH İZİN VERİRSE

Rivayete göre bir gün Mevlânâ yardımcısı Şeyh Muhammed'den kendisi için bir şey yapmasını istemiş, o da "Evet, inşallah," (Evet, eğer Allah izin verirse) demiş. Bunun üzerine Mevlânâ bağırmış: "Seni aptal! Bu görevi yapman için emri verenin kim olduğunu sanıyorsun!" Burada Mevlânâ kendisinin ilahi bir varlık olduğunu iddia etmez: ancak tasavvuf düşüncesine göre, Allah'ın sıfatları insanların eylemleriyle yakın bir ilişki içerisindedir ve insanlar, Allah'ın iradesinin ve amaçlarının hâkimiyeti altındadır ve insan "varlıkların en şereflisi" olarak O'nun tecellisinin bir aracından başka bir şey değildir. Var olan her şeyin Birliği; Sonsuzluğu şimdiye kadar var olmuş, şu an var olan ve gelecekte var olacak her şey ile birlikte Bir kılar. Hizmetkâr bu güçlü manevi buyruğun gücü karşısında şaşkına dönmüş ve af dilemiş.

# MİSTİK VECD

Yine bir rivayete göre bir gün Muineddin çok sayıda önemli kişiyi davet etmiş, Sultan da oradaymış ve en önemli misafir Mevlânâ'ymış. Sema, saatler gece yarısını geçene kadar devam etmiş ve muhtemelen müritlerden olan bir kişi, ev sahibine eğer gösteriyi sonlandırırlarsa insanların gidip uyuyabileceklerini söylemiş. Söylenenlerin farkında olmayan Mevlânâ semayı sona erdirmiş. Diğerleri dinlenmeye geçerken Şeyh Abdurrahman Şeyyad adlı bir kişi, vecd hâlinde haykırmaya devam ediyormuş. Sultan, yandakilere Abdurrahman'ın garip davrandığını fısıldamış. Çünkü herkes dinlenirken ya da uyumaya çalışırken, o hâlâ bağırıyor ve haykırıyormuş. "O Derviş Mevlânâ'dan daha mı üstün ki olup bitenden bu kadar fazla etkileniyor? Bakın Mevlânâ sakin ve sessiz," demiş Sultan. Bunun üzerine Mevlânâ, bazı insanların kalplerinde azılı ejderhalara benzer dünyevi arzular olduğunu ve bu ejderhaların onların diğer müritler gibi dinlenmelerine ya da meydana çıkmalarına ya da kemale ermelerine izin vermediğini, onları sürüklediğini söylemiş. Sultan bu yorumdan o kadar etkilenmiş ki mürit olarak kabul edilmek için yalvarmış.

# MEVLÂNÂ'YI ZİYARET

Rivayete göre Selçuklu Hanedanı'nın sonunu getiren şey şudur: Sultan, Mevlânâ'nın mütevazı bir müridi olmuş ve onu manevi babası olarak görmüş. Ancak, Sultan'ın aklı, tasavvuf sanatlarında "gösterişçilik" yapan başka bir mürşit tarafından çelinmiş, bu yüzden Sultan'ın Mevlânâ'ya bağlılığı zamanla azalmış. Dinî açıdan çok da saygın olmayan bir grup, bu adamı övdükçe Sultan ona giderek daha fazla bağlanmış.

Ve bir gün Sultan, içlerinde Mevlânâ'nın da olduğu bir grup yüksek rütbeli adamı davet etmiş ve artık Şeyh Baba Marvizi adındaki diğer adamın manevi rehberliğini Mevlânâ'nınkine tercih ettiğini ve o günden sonra manevi babasının Marvizi olduğunu ilan etmiş.

Herkesin gözü önünde edilen böyle bir hakaret, hâliyle Mevlânâ'ya dokunmuş ve eğer Sultan başkasını manevi babası olarak kabul ediyorsa, kendisinin de başka bir manevi oğul bulacağını söyleyerek toplantıdan ayrılmış. Ayrıca rivayete göre Hüsameddin Çelebi, Mevlânâ'yla birlikte toplantıyı terk ederken zihninde Sultan'ın sanki kafası kesilmiş gibi, başsız bir şekilde durduğu bir "imge" belirmiş ve her ne kadar birçok âlim öfkeli Mevlânâ'nın peşinden koşmuşsa da onu Sultan'ın toplantısına döndürmeyi başaramamış. Birkaç gün sonra Sultan, Moğol istilası tehlikesini bertaraf etmek için en önemli din adamlarını bir tütsü yakma töreni yapmaya davet etmiş.

Bu törenden sonra Sultan, Moğollarla karşı karşıya geleceğinden, Mevlânâ'dan helallik almaya gelmiş. Mevlânâ Sultan'a gitmemesini salık vermiş, ancak tehlike kaçınılmaz olduğu için onun gitmekten ve düşmanla yüzyüze gelmekten başka seçeneği yokmuş. Ancak, çok fazla yol alamadan kaderiyle karşılaşmış. Aksaray'a geldiğinde, ok ve yayını kuşandığı sırada onu boğmuşlar ve söylenenlere göre yardım için Mevlânâ'ya seslenmiş. Tam o sırada Mevlânâ ilahiler eşliğinde kendinden geçmiş hâldeymiş ve sema sırasında iki kulağını da tıkamak için macun istemiş ve böylece hiçbir şey duymaz olmuş. Bir süre sonra şalını mihraba sermiş ve müritlerini ölenler için kendisiyle birlikte namaz kılmaya çağırmış. Namaz sona erdiğinde müritler Üstatlarının neden kulaklarını tıkadığını ve neden cenaze namazı kıldıklarını öğrenmek istemişler. O da şöyle yanıtlamış: "Kulaklarımı seslere kapadım çünkü Sultan'ın çığlığını duydum (olay binlerce kilometre ötede gerçekleşse de), yardım etmem için bana yalvarıyordu, ama yardım edemezdim çünkü ölmesi Allah'ın takdiri idi." (Bahsi geçen Sultan, öncesinde Mevlânâ tarafından manevi oğul olarak kabul edilmesine rağmen başka bir adamı manevi babası kabul eden ve Üstadını herkesin önünde küçük düşüren kişidir.) "Ve namaz bu adamın ruhu içindi."

## GİZEMLİ UÇUŞ

Başka bir rivayete göre, bu olaydan bir süre önce Mevlânâ müritleriyle birlikte bir sema töreninde sabah erkenden gece yarısına kadar oturmuş. Bu toplantının sonlarına doğru Hüsameddin Çelebi'nin çok uykusu gelmiş. Bunu fark eden Mevlânâ harmanisini yere sermiş ve Çelebi de üzerine uzanıp uykuya dalmış. Bu uyku sırasında rüyasında büyük beyaz bir kuşun kendisini pençeleri arasına aldığını ve yeryüzü küçük bir zerre gibi görününceye kadar yükseklere götürdüğünü görmüş. Bu yerde kuş bir dağın tepesine inmiş. Bu dağ sanki Allah onu büyük yeşil bir mücevherden yaratmış gibi bereketli ve yemyeşilmiş. Çelebi, bu dağın tepesinde insan başına benzer bir baş görmüş, bunun üzerine kuş Çelebi'nin eline bir kılıç tutuşturarak bu başın boğazını kesmesini, bunun Allah'ın emri olduğunu söylemiş. Çelebi kuşa onun kim olduğunu sormuş ve Cebrail'in bir dostu olduğu cevabını almış. Kendisinden istenen görevi yerine getirdikten sonra Çelebi kuş tarafından kaldırılmış ve alındığı yere geri bırakılmış. Çelebi uyandığında Mevlânâ'yı yanı başında dikilirken bulmuş.

## BÜYÜK BİR BÜTÜNÜN PARÇASI

Şeyh Mahmud Neccâr'dan aktarılan bir rivayete göre, Mevlânâ'nın tasavvuf düşüncesinin ulvi felsefesi üzerine sohbet ettiği bir gün büyük bilge Şemseddin gelmiş ve Mevlânâ onu şöyle buyur etmiş: "Kendisi (bilge) sık sık Allah'tan ve tecellisinden bahseder; şimdiyse Allah'ı doğrudan (Allah'tan ilham almış biri aracılığıyla) dinleyecek. Allah'ın sözlerinin arada tercümanlık edecek bir Şeyh olmaksızın da bilinebileceği bir gün gelecek... çünkü Gerçek Şeyh yalnızca O'dur ve O ve Şeyh birdir; bu Birlik, müritlerin ve şeyhlerin büyük bir bütünün parçaları olduğunu gösterir ve Bu ve Şu ve O ve Kim sadece birkaç sözcük ve yanılsamadan ibarettir," demiş ve şu beyiti okumuş:

> "O ki, tüm padişahların en yücesi;
> İnsanoğlu sandı ki kapalı kapıların ardındadır
> Varoluşun Kilitli Konağı'nda;
> Ancak derviş cübbesini kuşanarak
> Bir ses de aktarabilir
> Her şeyin En Yücesi'nin mânâsını."

Şeyh Mahmud'dan aktarılan bir rivayete göre, bir gün Şeyh Sadreddin'in medresesinde sema töreni varmış ve Mevlânâ da buna katılmış; sesler olağanüstü bir dereceye çıkarak duygu atmosferini yüksek seviyelere taşımış. Kemaleddin, Mevlânâ'nın büyüklüğüne kıyasla müritlerinin arasında yüksek statülü adamlar olmadığına hepsinin ya marangoz, ya terzi ya da mütevazı esnaflar olduğuna dikkat çekmiş. Bu sözleri Mevlânâ'ya aktarıldığında, Mevlânâ yüksek sesle Kemaleddin'e seslenmiş: "Öyleyse, zenginlik açısından Mansur'un da halk nezdinde çok büyük bir önemi yoktu ya da Şeyh Ebu Bekir (halife olan değil) sadece bir marangozdu; ama bu kişilerin isimlerinin ardından 'Allah onun sırrını mukaddes kılsın' diyoruz, çünkü kendileri marifet sahibi kişilerdi. Mütevazı meslekleri herhangi bir şekilde manevi hünerlerinden eksiltmiş mi?'"

Bu yorumu yapan kişi kendisinden utanmış ve özür dilemiş.

# SARSINTILAR

Yine rivayete göre, bir gün bir toplantı sırasında Kemal ("mükemmellik" demektir) adındaki biri Mevlânâ'nın müritlerine sırtını dönmüş ve onları görmezden gelmiş. Bu Mevlânâ'nın hiç hoşuna gitmemiş ve adama seslenmiş: "Hey, sen, kemali nakıs!" (*Nakıs* olumsuzluk ekidir, burada "mükemmellikten yoksun" anlamında bir kelime oyunu yapılmıştır.) Mevlânâ'nın sesi adamı öyle bir korkutmuş ki taş zemine düşüp kafasını feci şekilde yaralamış ve özür dilemiş. Mevlânâ adamı affetmiş ve ona cübbesiyle sarığını vermiş. Adam kendisinin sadık bir müridi olmuş.

# ALÇAKGÖNÜLLÜLÜK

Bir başka rivayete göre, Mevlânâ söylevlerinden birinde hayatta alçakgönüllülüğün erdemini ve gerekliliğini vurgulamaktaymış. Gökyüzüne uzanan ve sadece boylarıyla övünen ağaçların meyve vermeyebileceğini, meyve verenlerinse dallarının, meyvelerin ağırlığıyla eğildiğini ve asaletinin de buradan geldiğini söylemiş. Bu yüzdendir ki, Hz. Muhammed (Allah'ın selamı üzerine olsun) son derece kibar ve mütevazı idi ve böylece alçakgönüllülükte ve gerçek bir derviş olma konusunda diğer peygamberleri aşmıştı. "İnsanlara her zaman nezaket ve tevazu ile yaklaşın ve kimsenin sizin tarafınızdan incinmesine (fiziksel ya da duygusal olarak) izin vermeyin," diyen Peygamber kendisine yapılan bir saldırı sırasında dişi kırıldığında bile yalnızca Allah'a bu insanları doğru yola yönlendirmesi için dua etmiş ve (onları lanetlemek ya da Allah'ın gazabını üzerlerine çağırmak yerine) "Onlar doğru yolu bilmiyorlar," demiştir. Şüphesiz ki bu insanları sevmiştir ve helak olmaları yerine doğru yola yöneltilmelerini istemiş, kendisi de onları affetmiştir. Bu yüzden, Peygamber'den önce kimsenin insanoğlunun barış içinde yaşaması için bu kadar içten çabalamadığı söylenir, diyen Mevlânâ şu satırları okumuş:

"İnsan çamurdan yapıldı
Ve çamur olmasaydı;
İnsana ne ile şekil verilecekti?"

Burada "çamura" yapılan gönderme, çamur ve toprağın her zaman "aşağıda" olduğunu ve hava, ışık ya da atmosfer gibi yüksekte olmadığını; dolayısıyla çamurun "mütevazı bir konum"da olduğunu ve gurur ve küstahlıkla yükselen ateşin aksine bu konumda kalmaya devam ettiğini belirtmek içindir. Söylenmek istenen şudur: İnsanoğlu çamurdan yaratıldığından her zaman nefsini kontrol altında tutmalı ve küstahlık ve gururla böbürlenmemelidir; demek ki alçakgönüllülük hem insanın doğal hâli hem de bir erdemdir. Ancak bu alçakgönüllülük kendini gizlemek demek değildir; uzun ağaçların boylarını korudukları gibi, bireysellik de korunmalıdır, ama yalnızca boy bir erdem değildir; bu yüzden boya bir de meyve ekleyerek hem düşüncede hem de eylemde alçakgönüllülük sergilemek sufî adabında kural kabul edilmiştir.

# NEZAKET

Yine rivayet edilir ki, Mevlânâ'nın başka bir özelliği de küçük çocukları ve yaşlı kadınları çok sevmesiymiş; onlara özel ilgi gösterir, nezaket ve sevgiyle yaklaşırmış. Bu tavrını bağlı oldukları din, ırk ya da statü fark etmeksizin herkese karşı gösterir, hattâ onlara saygıyla davranırmış; örneğin bir gün yolda çok yaşlı Hıristiyan Ermeni bir kadınla karşılaşmış. Kadının iki büklüm hâlini gören Mevlânâ durmuş ve saygıyla takkesini çıkarıp yedi kez eğilerek selam vermiş. Kadın da aynı şekilde bilge Üstadı selamlamış.

Yine rivayete göre, Mevlânâ inançlı olmasalar da küçük çocuklara ve yaşlı kadınlara büyük nezaket gösterir ve onlara hayırdua edermiş. Yine bir gün Tumbal ("tembel") adında bir Ermeni ile karşılaşmış. Tumbal ona karşı son derece saygılı bir tutum sergilemiş ve onu yedi kez selamlamış, Mevlânâ da aynı şekilde karşılık vermiş.

Aynı şekilde, bir gün Mevlânâ bir sokaktan geçerken bir grup çocuğun oyun oynamakta olduğu görmüş; çocuklar da onu görünce yanına koşup selam vermişler ve Mevlânâ buna sevgiyle karşılık vermiş. Mevlânâ'yı gören ama gruba henüz katılmamış olan küçük bir çocuk, seslenerek o gelene kadar beklemelerini istemiş. Mevlânâ da bu küçük afacanın keyfini beklemiş.

İnsanlar eskiden Mevlânâ'yı tasavvufi uygulamalarında doğru yoldan sapmakla suçlarlarmış ve toplantılarındaki semaya ve müziğe şiddetle karşı çıkarlarmış. Ancak bütün bu itirazlara karşın Mevlânâ tek kelime etmezmiş. İtirazcılar hayat sahnesinden hiç var olmamışlarcasına silinip gittiler, ancak Mevlânâ'nın öğretileri ebediyen var olmaya devam edecek.

Başka bir rivayete göre, bir gün bir müridi Mevlânâ için bir sema töreni düzenlemiş. Ev sahibinin kapısına gelen Mevlânâ herkesin içeri girmesini beklemiş sonra kendisi girmiş. Çok etkileyici ve haz veren bir sema olmuş. Mevlânâ gece ev sahibinin evinde kalarak, böyle bir üstat tarafından onurlandırıldığı için müridin büyük bir sevinç yaşamasına vesile olmuş.

Aziz Hüsameddin, Mevlânâ'ya neden herkes içeri girinceye dek dışarıda beklediğini sormuş, o da eğer ilk önce kendisi girseydi, kapıdaki bekçilerin ona olan saygılarından dolayı ardından gelenleri içeri almayacağını söylemiş.

Bu durumda yoksul müritleri kendisine ulaşamaz ve vaaz ve dualarından faydalanamazlarmış. "Ayrıca zengin müritlerimin evine yoksul müritlerimin kabul edilmesini sağlayamazsam, maddi nüfuzu olmayan insanların cennete girmesini nasıl sağlarım?" diye sormuş. Mevlânâ, aslında söylemek istediği, maddeciliğin hâkim olduğu bu dünyada insanların varlıkları ve zenginliklerine göre değerlendirildiği ve eğer varlıklı olmayan insanlar sırf yoksul oldukları için toplantılarına alınmazlarsa, bu insanların katılamadıkları toplantılarda icra edilen dua ve ibadetlerden mahrum kalacakları – dolayısıyla katılmamaları durumunda cennete kabul edilme şanslarının azalacağıdır. Bu yüzden, ilk önce kendisi içeri girerse kapının arkasından kapanacağından ve yoksulların alınmayacağından korkan Mevlânâ, zengin adamın evine önce onların girmesini sağlayarak cemiyetindeki yoksul üyelere, dua ve semaya kendisiyle beraber katılma şansını vermiş. Aralarında en mütevazı koşullara sahip olanlara dahi gösterdiği bu nezaketten etkilenen müritleri, kendisine sonsuz teşekkürlerini sunmuş.

## AFFEDİCİLİK

Bir başka rivayete göre, Mevlânâ bir gün soylu bir müridi olan Pervane'ye, cinayet işlemiş bir adamı affetmesi için tavsiye mektubu yollamış. Adam cevap olarak meselenin yetkisinin dışında kaldığını söylemiş. Buna cevaben Mevlânâ cinayet işleyen bir adamın can aldığını, dolayısıyla, insanların canını alan ölüm meleği Azrail'in oğlu olarak adlandırılması gerektiğini söylemiş. "Bu yüzden," demiş Mevlânâ, "böyle bir varlığın oğlu olan adam can almadan duramaz, çünkü onun işlevi odur". Bu argüman karşı tarafın hoşuna gitmiş ve öldürülen kişinin akrabalarının kan parası almayı kabul etmeleri durumunda adamın salıverilmesine izin vermiş. Bu, Mevlânâ'nın bu tür suçları herhangi bir şekilde hoş gördüğü anlamına gelmez elbette, ancak akrabaların kan parasına razı gelmeleri hâlinde bir suçlunun kanun tarafından serbest bırakılabileceğine, bunun o zaman ve bölgede kabul gören bir kanun olduğuna işaret ettiğini gösterir.

## MANEVİ GÖZ

Mevlânâ Şemseddin Malti'den aktarılan bir rivayete göre, Mevlânâ medresesinde tasavvufi meseleler üzerine bir söylev verirken Şemseddin'i çok sevdiğinden, ancak bir kusuru olduğundan bahsetmiş. Bunun üzerine Şemseddin, Mevlânâ'ya kusurunu söylemesi için yalvarmış ve o da "(Şemseddin) gördüğü her şeyi ve herkesi Allah'ın en mukaddes şeyi ya da Allah'ın en mukaddes kişisi sanıyor," demiş ve sonra şu satırları okumuş:

Pek çok insanın iç dünyası
Şeytan'ınkine benzer, bu yüzden
İnsan herkese aziz diyebilir mi?
Gönül gözün açıldığı zaman
İşte o zaman algılanabilir
Hakiki Üstat!

## PAZAR YERİ

O günden sonra Şemseddin daha sadık bir mürit olmuş ve Mevlânâ'nın söylediklerinin doğru olduğunu kabul etmiş; içindeki Arayıcı dürtüsünden dolayı gerçekten de üstat gibi görünen herkese yakın olmaya çalıştığını, ancak Mevlânâ'nın sözlerinin hakiki bir üstadın nasıl olması gerektiğine dair gözlerini açtığını söylemiş. O gün Mevlânâ aşağıdaki dizeleri okumuş ve tüm müritlerinden ezberlemelerini istemiş:

Mistik şifacıların
Kol gezdiği pazar yerinde;
Bir dükkândan diğerine
Koşturup durmayın:
    Yalnız sunacak hakiki bir devası olanın
    Dükkânında oturun!

# KENDİNİ KANDIRMA

Başka bir rivayete göre, Mevlânâ sohbetlerinden birinde, Büyük Üstat Bayezid'in (ruhuna selam olsun) "Hz. Muhammed'e yalnızca Ay'ın İkiye Bölünmesi, Ağaçların Birleşmesi ya da Bitkilerin Dile Gelmesi gibi mucizelerinden dolayı değil, özellikle de ümmetine içki içmeyi yasakladığı için hayranım," yönündeki ifadesine değinmiş. "Her kim erdemli bir davranışta bulunursa, bu davranışı sergileyen ilk kişi olduğu takdirde daha çok sevap kazanır, eğer Peygamber şarap içmekte bir fayda görseydi, ilk önce kendisi içerdi, ancak Peygamber de Allah'ın öğrencisi olduğundan, Allah'a itaat etti ve ümmetine de aynı şeyi öğretti," diyerek aşağıdaki mısraları okumuş:

"Keşke şaraptan uzak durabilsen,
Sadece bir-iki gün: (kendini kandırma)
Şarabın içine dalarsan
Cennetin Işığı'nı kaybedeceksin
O ki dünyanın her yerinde kötü ve habis olduğundan
Herkese yasaklanmıştır."

## ZENGİNLİK VE YOKSULLUK

Hz. Muhammed'in meclisindeki günlük hadiseleri kayıt altına alan kişiler tarafından aktarılan bir rivayete göre, bir gün Halife Osman, Peygamber'e servetinin gün be gün ziyadesiyle çoğaldığından yakınmış; sadaka vermesine ve yoksullara yardım etmesine rağmen serveti azalmıyormuş ve "Çok fazla para huzur getirmediğinden," demiş Osman, "eğer bu servet artmaya devam ederse, yoksulluğun getirdiği huzuru ve rahatlığı nasıl bulacağım?" Rivayete göre Hz. Muhammed şöyle karşılık vermiş: "Ey Osman, git ve Allah'ın sana verdiklerine karşın kasten nankörlük et, böyle davranırsan çok geçmeden servetin azalacaktır."

Osman çok uzun süredir sadaka vermeye ve yoksullara yardım etmeye alıştığı için, gündelik işlerinde farklı bir tutum sergileyemeyeceğini anlatmış. Bunun üzerine Hz. Muhammed "Her kim Allah'ın verdiklerine şükrederse malları artacaktır ve her kim nankörlük ederse şiddetle cezalandırılacaktır," diyerek Kuran'dan bir ayet paylaşmış; demek ki Mübarek Kuran'da yardımsever insanlar büyük bir ödülle müjdelenmiştir ve Hz. Muhammed'in dediğine göre Allah'ın bahşettiklerine şükredenler hep daha fazlasına sahip olacaklardır. Mevlânâ sonra şu dizeleri okumuştur:

"Nankörlük servetini
Elinden alıverir;
Ancak şükran hep daha fazlasını,
Daha da fazlasını getirir –
Çünkü Allah'a en yakın olduğun an
Yaratana duyduğun şükranla alnını
Secdeye koyduğun andır."

Ve sonra Hz. Muhammed, Osman'a "Ey Osman, senin bu çoğalan servetin çoğalmaya devam edecek, çünkü sen yardımsever ve cömert bir insansın," demiş. Bunun üzerine Osman, şükürlerini sunmak için cemaate üç yüz devesini teçhizatlarıyla beraber hediye etmiş ve Hz. Muhammed de ona hayırdua etmiş. Bunun üzerine Mevlânâ kendi zamanından ve o zamanın hükümdarından bahsetmiş. Mevlânâ'nın Halife Osman'a benzettiği Emir Muineddin Süleyman adlı bu hükümdar; dervişlere, âlimlere, seyyahlara, ihtiyaç sahiplerine ve hastalara yardımcı olmuş, halkının gönlüne taht kurmuş ve hayırdualarını almıştır. Bunun sonucundaysa yaptığı her iş başarılı olmuş ve meyve vermiştir. Hatırı sayılır zenginliğe sahip müritlerinden biri Mevlânâ'nın bu ülkenin hükümdarına yağdırdığı övgülerden çok etkilenmiş ve Mevlânâ'nın hükmüne duyduğu saygı ve itaatin göstergesi olarak Mevlânâ'nın ayaklarını öpmüş ve zor durumdaki müritlerin yararına, yoksullara ve ihtiyaç sahiplerine, âlimlere ve dervişlere dağıtılmak üzere iki bin dinar bağışlamış.

# NUR

Şemseddin Muallim'den aktarılan bir rivayete göre bir gün Mevlânâ müritlerine hitaben şöyle demiş: "Hz. Muhammed, müminin kalbi Allah'ın nuru ile dolduğunda, kalbi bereketlenir ve uhrevi düşünceler ve duygular üretmeye başlar. Peygambere 'Bir kişinin kalbine Allah'ın nurunun dolduğunu nasıl anlarız?' diye sorduklarındaysa, böyle birinin tüm dünyevi arzulardan kurtulacağını ve bütün maddi zevklerin onun gözünde cazibesini yitireceğini söylemiştir. Dostlarına ve akrabalarına yabancılaşacak, ne kimseden bir beklentisi olacak ne de kimseden bir şey isteyecektir."

## KÖPEK SEYİRCİLER

Başka bir rivayete göre, Mevlânâ işlek bir kavşakta, gelen geçen herkesle tasavvufi meseleler hakkında sohbet ediyormuş ve konuşması birçok insanın merakını celp etmekteymiş. Bir süre sonra Mevlânâ yüzünü yol kenarındaki duvara dönmüş ve tefekküre dalmış. Gün batımına dek bu şekilde kalmış ve sonra gözlerini bir grup sokak köpeğine çevirmiş. Köpekler kuyruklarını sallıyormuş ve pür dikkat dinliyor gibilermiş. Mevlânâ şöyle demiş: "Her şeyi yaratan ve her şeye hükmeden Allah'ın izni ve kudretiyle, bu köpeklerin bile tasavvufi anlamları idrak etme kabiliyetleri vardır. Bundan sonra onlara köpek demeyin, onlar takva ehli Ashab-ı Kehf ile birlikte ölen hayvanın soyundandırlar (yani takva ehli Ashab-ı Kehf'i, Yedi Uyuyanları, terk etmeyerek yabanda onlarla birlikte açlıktan ve susuzluktan ölen köpeklerinin ulaştığı üstün sadakat mertebesine ulaşmışlardır)." Burada üstün sadakat yüceltilmiş ve Mevlânâ aşağıdaki mısraları okumuş:

"Eğer köpeğin efendisine olan sevgisi
Sadakatte üstün olmazsa
Bir köpek nasıl ulaşabilir
Takva Ehlinin köpeğinin sadakatine?
Bir köpek böyle bir sadakate sahipse,
Her bir tüyü aslan yelesine eştir.
Bu sırrı anlar caminin bu duvarları.
Kör etsen yeridir anlamayan gözü
Duvarlar ve kapılar gerçeği anlar;
Sadece toprak elementinden değil
Havadan ve sudan da yapılmışlardır
Maddi olan her şey gibi."

Kısa sürede Mevlânâ'nın birçok müridi etrafına toplanmış ve o da onları "Gelin, gelin, sevgili geldi; gelin, gelin, bahçe bahar açtı!" diyerek buyur etmiş. Mevlânâ'yı hürmetle selamlamışlar. Bir yandan Mevlânâ tasavvufi konularda sohbet ederken, hep birlikte medreseye doğru yola koyulmuşlar. Bütün gece boyunca sema edilmiş ve şiirler okunmuş ve yoğun bir coşku anında Mevlânâ, "Rahman ve rahim olan Allah'a yemin olsun, bu adamlar evliyalara ve takva ehline gösterdikleri ihtimamı bana gösteriyorlar –benim gibi mütevazı birine– belki de bana büyük teveccüh gösteriyorlar!" demiş.

## MUCİZEVİ SÜRME

Mevlânâ'dan özel eğitim alan Hüsameddin Çelebi'den aktarılan bir rivayete göre, Mevlânâ bir gün Allah'ın, kişinin gözüne sürüldüğünde zahirî ve batınî gözlerini açan, var oluşun gizemini görmesini ve gizli şeylerin mânâsını öğrenmesini sağlayan özel bir *sürmesi* olduğundan bahsetmiş. Allah bu *sürmeyi* sadece sevdiği kişilere bahşedermiş ve bu *sürme* bahşedilmediği takdirde, kişi hiçbir şeyin anlamını göremez ya da bilemezmiş. Sonrasında Mevlânâ şu satırları okumuş:

"Allah'ın rahmeti ve Allah tarafından kabul edilenlerin
                                       rahmeti olmadan;
Kişi hükümdar bile olsa talihi yoktur.
İlahi rahmet olmaksızın, göz kördür;
İlahi rahmet olmaksızın, düğüm çözülmezdir."

"Bir şeyhin bir bakışıyla, ya nur olursun ya dur (uzak) olursun." Bu sözlerden sonra Mevlânâ başka bir kıta okumuş:

"Eğer ışığı arıyorsan,
Hazır ol.
Ancak kendini arıyorsan,
O zaman 'dur ol.'"

# ZİHİN OKUMA

Mevlânâ Siraceddin bir gün Hüsameddin'in bahçesine gitmiş ve oradan bir demet çiçek toplamış. Mevlânâ'nın, Çelebi'nin evinde olacağını düşünen Siraceddin, içeri girdiğinde saygın âlimlerin Mevlânâ ile oturmakta olduğunu ve Mevlânâ eşyanın tasavvufi anlamı üzerine sohbet ederken müritlerin söylediklerini not aldığını görmüş. "Mendilime sardığım çiçek demeti aklımdan çıkmıştı," diye anlatıyor Siraceddin. "Mevlânâ yüzünü bana döndü ve 'Bahçeden gelenin yanında çiçek getirmesi, şekerci dükkânından gelenin ise şeker getirmesi beklenir,' dedi." Bu söz karşısında hayrete düşen Siraceddin, Mevlânâ'ya saygılarını sunarak çiçekleri önüne koymuş ve sonra ilahiler okunmuş.

# BÜTÜN İNSANOĞLU

Yine benzer bir rivayete göre, bir gün Şeyh Siraceddin'in evinde Mevlânâ, "Yaradılışın bütün cüzlerinin birbirlerinin varlığında payı vardır ve hiçbir şey tek başına ve bağımsız var olamaz," demiş. Hz. Muhammed'in "Ey Allahım, sen insanlara hidayet et, çünkü onlar bilmezler," şeklindeki duasındaki "insanlar"dan kastın bütün insanoğlu olduğunu, çünkü eğer "bir"in kendisi birleşmiş değilse "bütün"ü oluşturamayacağını; yani her şeyin birbirine bağlı olduğunu eklemiş ve şu satırları okumuş:

"Her şey ama her şey
Birbiriyle ve bir dervişle
Bağlantılıdır.
Eğer öyle olmasaydı,
Bir derviş nasıl var olabilirdi?"

## ÖZEL BİR İNAYET

Yine bir rivayete göre Muineddin bir gün Mevlânâ'nın oğlundan, babasına "kendisine özel bir inayette bulunması" ricasını iletmesini istemiş. Mevlânâ'nın oğlu bu ricayı babasına ilettiğinde Mevlânâ, kırk adamın içtiği bir kovayı tek bir kişinin kafasına dikemeyeceğini söylemiş; yani tek bir adam mistik gücün etkisine dayanamaz ancak kırk kişi bu etkiyle baş edebilir. "Mistik ışığın" muazzam bir gücü vardır, o yüzden bir kişinin bu ışığın ihtişamına dayanması mümkün değildir demek istemiş. Oğlu babasına teşekkür etmiş ve "O mürit adına bu soruyu sormasaydım bu bilgiyi de edinemeyecektim," demiş.

## MEYVE AĞAÇLARI

Başka bir rivayete göre bir gün bir mürit yine Mevlânâ'nın oğluna yaklaşmış ve Konya'daki tüm ileri gelenlerin Mevlânâ'nın vaazlarını dinlemeyi ve faydalanmayı dört gözle beklediğini söylemiş ve Mevlânâ'nın kendileriyle sohbet etmesini rica edip edemeyeceğini sormuş. Bu ricaya Mevlânâ olumlu yanıt vermiş ve ricada bulunan kişilerin, tıpkı meyvelerinden faydalansınlar diye meyve dolu dallarının ağırlığıyla eğilen meyve yüklü ağaçlar gibi takdire şayan olduklarını görmüş. Alçakgönüllülüğün lütfu onları, dalları "kibir, çıkarcılık ve meyvesizlik" ile gökyüzüne uzanan diğerlerinden ayırıyormuş. Öyle olsalarmış, kendisini onlarla sohbet etmek için çağırmazlarmış.

# HAFIZA VE EYLEM

Mevlânâ'nın aziz oğlundan aktarılan bir rivayete göre, Muineddin adındaki Emir, Mevlânâ'dan bir yönetici olarak faydalanabileceği öğütler vermesini rica etmiş. Mevlânâ kısa bir süre sessizliğini koruduktan sonra şöyle demiş: "Ey Emir, duydum ki Kuran-ı Kerim'i ezberlemişsin." Emir bunu doğrulayınca Mevlânâ, Şeyh Sadreddin'in naklettiği Peygamber'in bütün hadislerini öğrenip öğrenmediğini sormuş ve yine olumlu cevap almış. Bunun üzerine Mevlânâ, Emir'e, "Allah'ın emirlerini Kuran-ı Kerim'den öğrenmişsin, Peygamber'in hadislerini de biliyorsun; bunlara rağmen bilgelik kazanamamışsın ve emirleri yerine getirmiyorsun. Şimdi benden öğüt istiyorsun ancak zihninde (daha yüce otoritelere) itaat etmiyorken, benim öğütlerime nasıl uyacaksın?" Adam ağlamaya başlamış ve Allah'tan af dilemiş. O günden sonra adaletli ve yardımsever biri hâline gelmiş ve takvasıyla ün salmış. Mevlânâ, semaya başlanmasını emretmiş.

# AŞİKÂR OLAN VE GİZLİ OLAN

Yine bir rivayete göre, Mevlânâ'nın sahip olduğu saygınlığı kıskanan şehrin âlimleri Kadı'ya gidip Mevlânâ'nın medresesinde yapılan musiki ve semanın geleneğe aykırı olduğunu, ayrıca bu tasavvuf üstadının gerçek öğrenme meselelerindeki bilgisinin –insanın sıradan duyularıyla algıladığı şekliyle– derinliğini bilmek istediklerini söylemişler. Kadı, muhaliflere bu işe karışmamaları gerektiğini, çünkü "zahirî ve batınî" ilimlerde Mevlânâ'nın dengi bulunmadığını söylemiş, fakat onlar Mevlânâ'nın marifetlerinin sınanması gerektiğinde ısrarcı olmuşlar. Sonuç olarak Mevlânâ'nın cevaplaması için matematik, felsefe, astronomi, metafizik, edebiyat, nazım, mantık, hukuk ve diğer bilinen bütün bilim dallarından sorularla bir dizi "sınav kâğıdı" hazırlanmış. Bu soruları Mevlânâ'ya ulaştırması için gönderilen Türk ulak onu saray kapısının yakınlarındaki hendeğin civarında kitap okurken bulmuş. Selamlaşmalardan sonra ulak kâğıtları kendisine vermiş ve beklemeye başlamış. Mevlânâ kalem ve mürekkep getirilmesini istemiş ve her bir soruyu öyle bir titizlikle ve derin bir bilgiyle, gerekli tüm referansları vererek cevaplamış ki, kâğıtlar bekleyenlerin ellerine ulaştığında yanıtların eksiksizliği karşısında hayrete düşmüşler ve çok utanmışlar.

Gelenekselcilik açısından müzik aletlerinin –özellikle rebap– caizliği konusunda Mevlânâ'nın verdiği yanıt eksiksiz ve ikna ediciymiş; bir de fırsatı değerlendirip cevap kâğıdının arkasına rebabı –sesi ve müziği ile gizemli atmosferi yükselten bir çalgı olarak– öven bir yazı yazmış. Bu yüzden, bu çalgının ihvanın odaklanmasına yardımcı olmak için çalındığını, bu rehberlik rolünü halkına yardım etmek için üstlendiğini ve başka bir amacı olmadığını, çünkü başkalarına yardım etmenin gerçek "dindarların" görevi olduğunu eklemiş ve şu mısraları okumuş:

"Rebabın neden bahsettiğini bilir misin?
Çırpınan bir kalple, gözyaşı dökmekten!"

Yenildiklerini hisseden ve kendilerinden utanan muhalifler Kadı'dan af dilemişler ve Mevlânâ'nın ilminin her açıdan eksiksiz olduğunu gören beşi hemen onun sadık müritleri olmuşlar.

# HAC MUCİZESİ

Yine bir rivayete göre hacdan dönen bir grup insan Konya'ya vardıklarında şehri dolaşıp ilim ve takva sahibi insanları ziyaret etmeye başlamışlar ve Mevlânâ'yı da ziyarete gelmişler. Üzerlerinde hâlâ *ihram*ları varmış. Evine girdiklerinde Mevlânâ'yı mihrapta otururken bulmuşlar ve onu görür görmez hep bir ağızdan *Allahu Ekber* diye haykırmaya başlamışlar ve şaşkınlıktan donakalarak bayılmışlar. Kendilerine geldiklerinde Mevlânâ'nın müritleri neden böyle bir tepki verdiklerini sormuşlar, hacılar "Vallahi, bu kişi (aynı kıyafetler içerisindeki Mevlânâ) haccın bütün farzlarında bizimleydi, namazlarımızda zaman zaman bize yol gösterdi ve bize Peygamber'in Medine'deki mezarına kadar rehberlik etti; ancak ne bizimle yola çıkmıştı ne de bizimle yemek yedi ne de uyudu," demişler. Yüce bir Sufî'nin aynı anda iki yerde birden bulunması sufî irfanında herkesçe bilinen tasavvufî bir olgudur.

Başka bir rivayete göre, şehrin tüccarlarından Mevlânâ'nın müridi olan bir adam Mekke'ye hacca gitmiş. Haccın bitişine yakın, tüccarın eşi tatlılar yapıp hacdaki kocası için şükür niyetine yoksullara ve akrabalara dağıtmış. Mevlânâ'ya da bir miktar tatlı gönderilmiş ve o da müritlerini çağırarak tatlılardan yemelerini ve günün hatırası olarak birazını da yanlarında götürmelerini söylemiş. Müritler yiyebildikleri kadar yemişler, ancak tatlılar bitmemiş. Daha sonra Mevlânâ tabağı yukarıya, medresenin damına götürmüş ve gözle görünmeyen birine "tatlılardan payını almasını" söylemiş. Müritlerinin yanına elinde büyük tatlı tabağı olmadan indiğinde ise o sırada Mekke'de hacda olan tüccara da payını gönderdiğini söylemiş. Doğal olarak, bu olay müritlerde hayret uyandırmış.

Tüccar hac görevini yerine getirip eve döndüğünde, Mevlânâ'ya saygılarını sunmak için yanına gelmiş. Hac ziyaretinden sağ salim dönmüş olması hem de yokluğunda evinde her şeyin yolunda gitmesi Mevlânâ'yı da memnun etmiş. Daha sonra hacı tüccarın hizmetkârları seyahat çantalarını açarken, karısı eşyaların arasında tatlı tabağını görüp çok şaşırmış ve tabağın çantasına nasıl girdiğini sormuş. Tüccar bir gün Mekke'nin dışında diğer hacılarla birlikte çadırdayken, çadırının perdesinden içeri tatlı dolu bir tabağın ittirildiğini gördüğünü söylemiş. Hizmetkârlar tabağı kimin getirdiğini görmek için dışarı koşmuşlar ancak tabağı tutan eli bulamamışlar. Mevlânâ'nın bu kudret ve yüceliği karşısında hayrete düşen karı koca onun huzuruna gitmiş ve ona bağlılıklarını pekiştirmişler. Mevlânâ ise bütün bunların kendisine olan sadakatleri sayesinde olduğunu, Allah'ın bu sayede bu mucizevi eylemi gerçekleştirmesine izin verdiğini söylemiş.

# SON HUTBE

Başka bir rivayete göre bir cuma namazından sonra Mevlânâ bir hutbe veriyormuş. Dinleyicilerden az çok dinî bilgiye sahip biri bazı âlimlerin vaazlarını önceden belirlenmiş konular üzerine hazırladıklarını ve Kuran'dan belirli sureleri ezberleyip dinleyicileri etkilemeye çalıştıklarını söylemiş. Oysa ancak diğer bir grupta yer alan gerçek âlimlerin o anda karşılarına çıkan herhangi bir sure üzerine vaaz verebileceklerini söylemiş.

Bu yorumu duyan Mevlânâ, Kuran'dan üzerine vaaz verilebilecek herhangi bir sureyi okumasını söylemiş ve adam da aşağıdaki *Duhâ* suresini okumuş:

"Yemin olsun kuşluk vaktine
Kararıp sakinleştiğinde geceye ki

Mevlânâ bu sure üzerine öyle fevkalade bir vaaz vermiş ki herkes son derece duygulanmış. Öğle vaktinden akşam ezanına kadar süren vaaz Mevlânâ'nın Kuran tefsiri ilminde usta olduğunu göstermiş. Soruyu soran kişi sessizleşmiş ve bu ustaca tefsir karşısında diğerleri gibi vecd içinde kendinden geçerek Üstadın oturduğu kürsünün ayaklarını öpmüş ve müritlerinden biri olabilmek için yalvarmış. Çok yerde bunun Mevlânâ'nın son hutbesi olduğu söylenir ancak buna katılmayıp Mevlânâ'nın bu tarihten sonra çok daha uzun süre yaşadığını söyleyenler de vardır.

# ÖLÜMÜ HATIRLAMAK

Başka bir rivayete göre, Konya'da önemli bir kişinin ölümünden sonra cenazeye Mevlânâ da katılmış. Ancak cenazenin bulunduğu evin dışında kalarak tabutun dışarı getirilmesini ve cenaze alayıyla mezarlığa götürülmesini beklemiş. Kemaleddin ölü evinin kapısında durmuş, cenaze alayına katılmaya gelenleri selamlıyormuş. Tabut, mezara indirilecekken, mezarın yanında duran Mevlânâ herkese yapacağı konuşmayı dinlemelerini söylemiş ve Kemaleddin'i de çağırmış. "Sadreddin ve Bedreddin mezarlarından kalkacak olsalar, onlara bakıp da 'Allah'ın nuru ve lütfuna mazhar olup olmadıklarını bilemezdik,' çünkü önce yazıcı meleklerin yazdıklarının kendilerine okunması gerekirdi. İşte bütün 'gidenler' yanlarında iyiliklerini ve kötülüklerini götürürler. O yüzden Mahşer Günü'nü unutmamak önemlidir. Bu merhum da o gün yaptıklarıyla yargılanacaktır."

Orada bulunanlara iletilen bu ibretlik mesaj dinleyenlerde derin bir tesir yaratmış. Merhumun en yakın akrabası olan Kemaleddin, Mevlânâ'nın sözlerinin etkisiyle baygınlık geçirmiş ve inançsız olanların çoğu ortaya çıkıp Mevlânâ'nın müritleri olmuşlar.

# KAPLICALARDA

Bir başka rivayete göre Mevlânâ'nın her kış kaplıcaların olduğu bir nehir kıyısına gidip kırk-elli gün kalmak gibi bir âdeti varmış. Mevlânâ burada müritleriyle gayb âlemine dair sohbetler edermiş. Bu sohbetler sırasında nehirdeki ördekler ses çıkarıp sohbeti bölüyormuş. Bir gün Mevlânâ ördeklere sessiz olmalarını söylemiş ve demiş ki, "Ya siz konuşun ya da bana izin verin, ben konuşayım". Ördekler hemen susmuşlar ve sohbet devam etmiş. Sonunda Mevlânâ çadırını toplarken nehir kenarına gelmiş ve ördeklere artık istedikleri sesleri çıkarabileceklerini söylemiş. Bunun üzerine ördekler her zamanki seslerini çıkarmaya devam etmişler.

## KASAPLARDAN SAKLANAN İNEK

Yine bir rivayete göre bir gün kasabanın kasapları satın aldıkları bir ineği kesmeye hazırlanıyorlarmış; ancak inek ipini kemirerek koparıp sokaklara kaçmış ve kasaplar da yakalamak için arkasından koşmaya başlamış. Ancak çevik inek bir türlü yakalanmıyormuş ve bir grup insanı peşinden sokaktan sokağa koşturuyormuş. Tam o sırada Mevlânâ bir sokaktan geçmekteyken inek Üstada doğru koşmuş ve durmuş.

Mevlânâ hayvanı okşamaya başlayınca uysal bir şekilde durmuş ve kaçmaya yeltenmemiş. Olay yerine gelen kasaplar hayvanın yakalandığını görünce rahatlamışlar ve selamlaştıktan sonra hayvanın kendilerine verileceğini düşünmüşler. Ancak Mevlânâ'nın kararı başka yöndeymiş. Kasaplara ineği öldürmemelerini, kaçağı serbest bırakmalarını çünkü kendisine sığındığını söylemiş. "Dilsiz hayvanlar bile Allah âşığı kimseler tarafından kurtarılabiliyorsa, düşünün ki ne çok insan Allah yolundaki kişiyi takip ederek kurtarılabilir ve doğru yola koyulabilir." Bu sözler müritleri öyle etkilemiş ki mistik bir gücün etkisiyle bir sema başlatmışlar. Müziği dinleyenler huşuyla kendilerinden geçmiş bir hâlde ellerinde ne varsa hanendelere vermişler ve denilene göre o inek Konya'da bir daha görülmemiş.

## YOL NERDEN GEÇER?

Mevlânâ'nın en saygın müritlerinden biri olan Şeyh Sinaneddin Neccar'dan aktarılan bir rivayete göre Mevlânâ bir keresinde Allah âşıklarının ilahi aşkın içinde yok edildiğini ve ilahi aşkın tadına karıştığını söylemiş; "Yok olmaya mahkûm şeyleri seven insan ise –çünkü nihayetinde Allah'ın Yüzü dışındaki her şey, tüm oğullar ve eşler ve yaratılmış olan her şey yok olacaktır– aynı şekilde yok olacak ve maddeye 'karışıp' var olmayı bırakacaktır," demiş.

Allah var olan her şeyi hiçlikten yaratmıştır ve her şey hiçliğe geri dönmelidir. Aynı toplantı esnasında Mevlânâ'nın gezgin bir Derviş'in sesini duyması üzerine bunun gerçekten bir ses mi yoksa dünyadaki –fani bir dünyadaki– şeylerin yankıları mı olduğunu sorduğu söylenir. Yine aynı toplantıda Kutbeddin, Mevlânâ'ya hangi yolda olduğunu sormuş ve o da diğer herkes gibi ölüm yolunda olduğunu ve yaptıklarının sonuçlarını –duruma göre ceza ya da ödül için– ilahi semaya taşıyacağını söylemiş. Mevlânâ ayrıca kişinin "ölmedikçe" ya da arzularına hâkim olup onları kontrol etmeyi öğrenmedikçe ve kendisini arındırmadıkça doğru hedefe asla ulaşamayacağını eklemiş. Bunun üzerine Kutbeddin ağlamaya başlamış ve kendisinin hangi yoldan devam etmesi gerektiğini sormuş. Mevlânâ ona şu satırları okumuş:

"Ona yolu sordum
Kendini ara, dedi.
    Tekrar sordum,
    Lütfen söyle, doğru yol nerededir?
Dedi ki:
    Devam et ve ara.
    Sonra bana döndü ve
Dedi ki:
    Ey arayan – senin yolun uzundur,
    Yine de durmadan aramaya devam et."

Kutbeddin ziyadesiyle duygulanmış ve hemen oracıkta Mevlânâ'nın müridi olarak kabul edilmiş.

# TOPRAK ANA

Başka bir rivayete göre, önemli müritlerinden birinin ölümünün ardından hemşehrileri kendisini mezara ahşap tabut içinde mi yoksa tabutsuz bir şekilde mi koymaları gerektiğini tartışıyorlarmış ve bir karara varamayınca Aziz Kerimeddin'e danışmışlar. O da ölünün ahşap tabuta konmadan defnedilmesini salık vermiş. "Çünkü nasıl ki bir anne yavrusunu kardeşinden daha çok sever, toprak ana da oğlunu kucağında ahşap tabuttan daha büyük bir şefkatle taşıyacaktır," demiş. Ve şöyle devam etmiş: "Tahta topraktan yetişir ve dolayısıyla 'kardeş bir oluşum'dur." Mevlânâ bu kararı duyduğunda Kerimeddin'i tebrik etmiş ve böyle bir açıklamayı hiçbir kitapta görmediğini söylemiş.

# ESERİNİ KABUL ET

Bir başka rivayete göre, ülkedeki en yüksek hukukî otorite olan Kemaleddin adındaki meşhur kadı ve idari lider Konya'ya gitmiş. İzzeddin Keykavus adındaki valiyle görüştükten sonra Konya'da olmasını fırsat bilerek Şemseddin ve Zeyneddin Râzî ve Şemseddin Malti gibi yerel âlimlerle buluşmuş. Tüm bu ilim ve takva sahibi kişilerin kendisine ısrarla Mevlânâ ile tanışması gerektiğini söylediğini ve bu yüzden bu yüce zat ile görüşmek için uygun bir zaman kolladığını söylemiş. "Mevlânâ'nın evine girdiğim anda," demiş Kadı, "bu yüce bilgenin simasındaki ihtişam ile donakaldım ve Mevlânâ beni büyük bir saygı ve muhabbetle karşılamak için doğruldu ve şu sözlerle buyur etti:

'Bizi terk eyledin, eserini kabul et;
Görmez misin, dikkatini nasıl çekiyoruz!'"

Sonrasında Allah'a şükür Mevlânâ, Kadı'nın ilimde ve itibarda izzeti yakaladığını ve böylece ilme ve takvaya büyük katkıda bulunduğunu söylemiş. "Sonrasında Mevlânâ ulvi düşünceler üzerine öyle bir sohbet etmeye başladı ki, böylesini o zamana dek ne işitmiş ne de okumuştum. O kadar çok etkilendik ki, ben, oğlum ve Atabek ve diğer birkaç önemli şahıs Mevlânâ'nın müritleri olduk. Kaldığım yere dönünce Mevlânâ'nın çekimini hissedebiliyordum, o Yüce Üstadın yanında olmadığım her an kendimi huzursuz hissediyordum. Üstadımı onurlandırmak için büyük bir sema düzenledim ve Konya şehrinin önemli âlimlerinin çoğunu bu etkinliğe davet ettim.

Davet edilen kişi sayısı çok fazla olduğundan büyük çaplı düzenlemeler yapılması gerekti ve özellikle soğuk içecekler hazırlamak için elimizde sadece otuz büyük kazan vardı. Şerbet yapmak üzere bir miktar kelle şekeri tedarik ettik ve hatırı sayılır sayıda kişiyi ağırlayacağımız için valinin eşinden birkaç büyük kap daha istemek zorunda kaldık. Özel misafirler için baldan özel soğuk bir içecek yapmayı planlıyordum ve çok sayıda kişinin susuzluğunu gidermemiz gerektiğini ve yeterince malzememiz olup olmadığını düşünüyordum ki ne göreyim! Mevlânâ birdenbire evin kapısında beliriverdi ve elimizdeki şerbete daha fazla su eklememiz gerektiğini söyleyerek sorunu çözdü ve 'kayboldu'. Hizmetkârlar ve diğer insanlar arkasından koştular ancak izini bile bulamadılar. Bize verdiği tavsiyeye uyarak bütün şerbeti caminin metal sarnıcına doldurduk ve suyu ekledikçe ekledik. Hizmetçilere arada şerbetin tadına bakmalarını ve çok fazla su koymadıklarından emin olmalarını tembihledim, ancak öyle bir mucize oldu ki, şerbete ne kadar su eklenirse o kadar tatlanıyordu! Yeterli ölçüye gelene kadar su eklemeye devam ettik. Hepimiz Mevlânâ'nın 'mucizesi' karşısında afallamıştık.

Sema törenleri bütün konuklar arasında şimdiye dek görülmemiş bir coşku ile ikindiden gece yarısına kadar devam etti. Ben ve Muineddin misafirlerin bardaklarını durmadan şerbetle dolduruyorduk ve Mevlânâ şu mısraları okumaya başladı:

'Aşkın ılık nefesi çarpıyor –
Aşk rayihası eserken;
Tüm âlimlere yayılıp çok geçmeden.
Yaşam İksiri – Ebedi Yaşam.'

Gazel yükselirken ve bizler semanın coşkusuna kapılmışken Mevlânâ beni muhabbetle yanına çekerek iki yanağımdan da öptü ve şiirinden şu mısraları okudu:

'Eğer beni tanımıyorsan
Uykusuz gecelere sor,
Yorgun çehreme sor,
Sevgiliden ayrıldığı için.
Kavrulmuş dudaklarıma, ıstırap çeken'

Birçoğu dizlerinin üzerine çöküp Mevlânâ'nın ayaklarını öperek müridi olmak için yalvardı. Dünyevi mallarım çoğaldı, tasavvufa olan sevgim yüce bir 'safiyet' derecesine yükseldi ve aklıma tasviri mümkün olmayan duygular geldi. Arapçada bunun için bir deyiş vardır: 'Bazen kalpte olan dudaklara gelemez.' Ben de böyle söyledim ve bir 'hizmetkâr-talebe' olarak hayırdua aldım ve ikili bir yüceliğin kapıları bana açıldı."

## MUMLARIN MUCİZESİ

Yine bir rivayete göre, Muineddin bir gün sema töreni düzenlemiş ve kasabanın birçok ileri gelenini davet etmiş. Bunların her biri toplantının aydınlanmasına katkı olarak yanlarında büyük boy mumlar getirmişler. Mevlânâ'nın küçücük bir mum taşıdığını görünce şaşırmışlar. Kimse bir şey dememiş ancak hayret dolu ifadelerle birbirlerine bakmışlar: Kimi bunu cimriliğe yorarken, diğerleri Mevlânâ'nın düpedüz delirdiğini düşünmüş. Tüm bunlar Mevlânâ'nın gözünden kaçmamış ve nihayetinde kendi küçük mumunun aslında diğerlerinin getirdiği mumların "yaşam kaynağı" olduğunu söylemiş. Mevlânâ'ya yakın olanlar hemfikir olmuşlar, ancak birçok kişi karşı çıkmış. Bunun üzerine Mevlânâ'nın, "Bana inanmıyorsanız, işte kanıtı," demiş ve mumunu söndürmüş, bununla birlikte bir de bakmışlar ki salon karanlığa gömülmüş. Sonra Üstat mumunu tekrar yakmış ve herkesin şaşkın ve hayret dolu bakışları altında diğer tüm büyük mumlar kendiliklerinden tekrar yanmış. İnanmayanlar hatalarını anlamışlar ve sema tekrardan büyük bir coşkuyla canlanmış. Bütün gece süren toplantıda büyük mumların hepsi tükenirken, Üstadın küçük mumu parlaklığından ve hacminden bir şey kaybetmeden baştaki gibi yanmaya devam etmiş. Birçoğu o gün Mevlânâ'nın müridi olmuş.

# MÜLKİYETİN ANLAMI

Başka bir rivayete göre, yeni açılan bir medreseye öğretmen olarak davet edilen Kayseri'deki İlahiyat Okulu'nun başkanı yüce âlim, Mevlânâ'nın müridiymiş. Ondan aktarılan rivayete göre bir gün Mevlânâ, bir sohbet sırasında, "Üstat hâlâ cemaatteyken müride namaz kılmak için izin verilmez," demiş. Üstat o ruh hâlindeyken ve müritleri de kendisiyle birlikte o "ilahi" atmosfere dalmışken, bazıları halkadan çıkıp namaz kılmaya başlıyorlarmış. Oysa Mevlânâ'nın musiki dinlemesi ve o haleti ruhiyeye kendini kaptırması namaz kılmak ya da Ramazan'da oruç tutmak kadar değerliymiş. Mevlânâ sonra bunları eklemiş:

"...Ve Hz. Muhammed'in nurunun tek bir zerresini taşıyorken, bana göre takva, İlahi Aşk ile mest olmaktan başka bir şey değildir. Bütün maddi şeylerden azade olduğum o atmosfere büründüğümde tüm varlığım maneviyatın coşkusuyla ve mutluluğuyla yanıp tutuşuyor; o yüzden müritlerim de bu nuru beni dinleyerek ve benimle temas ederek paylaşmalı. Onun için, beni böyle bir durumda bulursanız kendinizi talihli sayın ve bana olan bağınızla bedeninizi ve ruhunuzu nurlandırın ve bu bağa şükredin."

Daha sonra Mevlânâ kişinin, ideal meslek nedir ya da mülkiyetin doğası nedir gibi anlamsız tartışmalara girmemesi gerektiğini, çünkü aslolanın o malların nasıl kullanıldığı olduğunu söylemiş. "Bu yüzden, eğer ruhsuz bir şekilde salt maddi amaçlara hizmet hissi veriyorsa, böyle bir mülkiyet her ne kadar meşru yollarla edinilmiş dahi olsa 'gayrimeşru', adi ve süflidir. Ekmeğinizi öyle bir yiyin ki ekmek efendiniz olmasın. Hz. Muhammed'in bu konuda, Halife Ömer'le ilgili bir sözü vardır: 'Ekmeğinizi Ömer gibi yiyin: İnsanlar ona ekmek verir, o ise insanlara ikram eder,'" diyen Mevlânâ bu konuyla ilgili şu mısraları okumuş:

"Bir lokma, mücevherlerden daha değersiz değildir,
Allah yolunda yutulursa.
Lokma çöp olacak sonunda
İzin vermektense pis kokusunun
   Pis işlerle yayılmasına,
Ağzına kilit vur,
   Anahtarı da kaybet!
Kimin ki lokmasına takva karışmıştır,
Lokmasını helal yoldan kazanmıştır."

# İDRAK EDEN GÖZ

Yine bir rivayete göre, âlim Şemseddin sema sırasında gözlerini dikip Mevlânâ'nın yüzüne bakıyormuş. Mevlânâ neden semaya katılmadığını sorduğunda mürit, seyredilmeye daha değer birini tanımadığını ve hiçbir şeyin ona üstadının yüzüne bakmaktan daha büyük bir haz vermediğini söylemiş. Üstat ise bundan memnun olduğunu, ancak yüzünün ardında başka bir yüz –gizli bir yüz– daha olduğunu ve müridin bu yüze odaklanarak Allah'ın sırlarının nurunda ilahi feraseti görmesi gerektiğini söylemiş. Parlak güneşe bakmanın her zaman iyi bir şey olmadığını, çünkü ışığın yoğunluğunun bakan kişinin gözlerini kör edecek kadar kamaştırabileceğini ve harici çehreye bakmanın batinî göze "görme yeteneği" kazandırmayacağını söyleyerek şu satırları paylaşmış:

"Ey İdrak eden Göz!
Onun yalnızca
    Yansıyan ışınlarına uzan
Asla cüret etme bakmaya
Kudretli Rahmetinin Yüzüne."

(Burada belirtmek gerekir ki, Mevlânâ ne burada ne de bu metnin başka bir kısmında kendisine herhangi bir ilahi özellik atfetmektedir, ancak tasavvuf terimleriyle ifade edilecek olursa, kişinin varlığı yüce bir mertebeye ulaşıp da "yok olduğunda", sufî "kendi içinde ve çevresinde" sadece Allah'ı ve onun ilahi sıfatlarını görür ve hisseder ve tasavvuf metinlerinde sık sık söylendiği gibi, kelimenin tam mânâsıyla "bu maddi dünya içerisindedir ancak bu dünyadan değildir.")

## İLİM İNSANINDAKİ KÖTÜYÜ GÖRMEK

Başka bir rivayete göre takva sahibi biri olarak bilinen Bahâeddin bir gün Mevlânâ'ya sıradan halka göre şeyhlerin sahip olduğu o "kötü alışkanlığın" ne olduğunu sormuş. Mevlânâ şöyle yanıtlamış: "O 'kötü alışkanlığı' muhakkak herkes bilir, ancak gizli saklı yapılır. Fakat şüphesiz ki derviş olan şeyhler bu kötü alışkanlığa sahip değildirler; ancak mübarek insan kisvesine bürünüp içinde takva barındırmayan kişiler zamanla bu kötü alışkanlığı kazanırlar ve ilim onların bu çirkin huylarını örtbas eder, ancak en nihayetinde ifşa edilir ve kınanırlar."

Örneğin, büyük ilim sahibi ancak takvası az bir şahıs, Sadreddin gibi âlimlere meydan okuyormuş ve zamanla hatırı sayılır bir takipçi kitlesi toplamış. Bir gün Mevlânâ, Nasreddin adlı bu adamın mahallesinden geçiyormuş ve evinin balkonunda müritlerini etrafına toplamış oturan Nasreddin, Mevlânâ'yı görünce şöyle demiş: "Şuradaki adamın yüzü ne kadar tuhaf görünüyor, hem türbanıyla kıyafetine bak; kalbinde tasavvuf ilminin bir zerresi bile olduğunu sanmam, Allah bilir halefi nasıl biri olacak."

Mevlânâ, Şeyh'in görkemli evinin duvarının yakınından geçerken kafasını kaldırmış ve "Ey görgüsüz, kendine gel!" demiş. Aniden Şeyh Nasreddin canı yanmışçasına çığlık atıp dizlerinin üzerine çökmüş. Müritleri sağa sola koşturup durumun sebebini anlamaya çalışırken Nasreddin, Mevlânâ'nın ilahi kudretinin ne kadar yüce olduğunu bilmeden Üstat hakkında bir ağız dolusu nahoş laflar ettiğini söylemiş. Diğer yandan, o sırada Mevlânâ ile birlikte olanlar ise başta bu sözleri kime söylediğini anlamamışlar ancak Mevlânâ olanları anlattığında olay tüm çarşıya ve sokaklara yayılmış. Çok geçmeden insanlar dedikodu yapmaya başlamışlar ve Şeyh'in ahlaken kötü bir ünü olduğu ve adını duyurmak ve kendisini mübarek bir kişi olarak ilan etmeleri için insanlara para verdiği ortaya çıkmış. "Kötü huylarını o kadar iyi saklamış ki" insanlar kendisine gerçekten inanmışlar. Sonuç olarak Konya'daki herkes tarafından kınanmış ve en nihayetinde müritleri mübarek insan kılığına giren böyle kötü bir şahısla olan bağlarından kurtulabilmek için onu zehirlemişler.

## KÖPEKLER VE İNSANLAR

Büyük nakkaş Şeyh Bedreddin'den aktarılan bir rivayete göre, bir gün başmüderris Siraceddin ve kendisi Mevlânâ'yla birlikte yürürken Mevlânâ dönüp yalnız yürümek istediğini, insanların her gittiği yerde selamlarıyla ve saygı ifadeleriyle karşılaşmaktan yorulduğunu ve yalnız olmak istediğini söylemiş. Bir süre yalnız yürüdükten sonra kasabanın çevresindeki kumluk arazide bir köpek sürüsüne rastlamış. Mevlânâ'nın yanına gelen Siraceddin, güneşin altında sere serpe yatan köpeklerdeki huzur ve mutluluğa dikkat çekerek "Şu köpeklere bakın, ne kadar huzurlular birbirleriyle ne güzel arkadaşlık ediyorlar; peki ya biz insanlar?" diye sormuş.

Mevlânâ biraz düşündükten sonra şöyle söylemiş: "Haklısın, şu an huzurlu ve rahat bir şekilde yatıyorlar, ancak aralarına bir kemik at bakalım, o zaman görürsün bahsettiğin huzurun nasıl bozulduğunu. İnsanoğlu da böyledir. İki insan arasında diğerkâmlık olduğu ve dünyevi kazanç söz konusu olmadığında, birbirlerinin en iyi dostu olurlar; ancak dünya hırsını önlerine atarsan, huzurun nasıl kaçtığını, köpeklerin kavgasından bile kötü kavgaların çıktığını görürsün." Sadece geçici maddi şeylere ve "ölecek ve yok olacak" olana gereğinden fazla önem vermeyenler huzurlu ve dingin bir hayat sürebilirler.

## ALTIN SİKKELER

Başka bir rivayete göre müridi Muineddin, Mevlânâ'yı kasabanın ileri gelenlerinin de onuruna davet edildiği bir sohbete çağırmış. Sema bittikten sonra yemekler servis edilmiş ve Mevlânâ'nın önüne çok lezzetli yiyeceklerle dolu özel bir tabak konulmuş. Muineddin tabaktaki pilav yığınının içine bir kese dolusu altın sikkeyi iyice saklamış. Bunu, Mevlânâ'nın keseyi yemeğine dokunmadan fark edip edemeyeceğini sınamak için yapmış. Ev sahibi oyunu daha da ileri götürmüş ve onu kırmayıp yemeklerden yemesi konusunda ısrar ederek yiyeceklerin helal kazanılmış parayla satın alındığını söylemiş. Ancak Mevlânâ bir süre yemeğe dokunmadan oturmaya devam ettikten sonra nimetin altın sikke gibi şeylerle kirletilmemesi gerektiğini söylemiş. Kendisine oynanan oyunu manevi kudretiyle fark etmiş ve uzun bir kasidenin ilk beyitlerini okumuş:

"Kalbimde yer yoktur sevgisine
   Ne en güzel eşyanın kendisine
   Ne de parıltısına, ışıltısına
O yüzden vallahi de,
   İstemem bir kese altını
   Ölmeye mahkûm eşyanın kıymetli kâsesinde."

Ev sahibi Mevlânâ'dan af dilemiş ve üstadını sınadığı için duyduğu utancın ve saygısının göstergesi olarak ayaklarına kapanmış.

# GİZLİ DERVİŞ

Başka bir rivayete göre bir gün Mevlânâ'nın oğlu babasına "Hakiki Derviş her zaman gizlidir," ya da başka bir deyişle, "Kendisini gizler," sözüyle neyin kastedildiğini; bu söz ile kastedilenin, kendisini kılık değiştirerek mi gizlediğini yoksa bahsedilenin zihinsel bir tutum mu olduğunu sormuş.

Mevlânâ'nın buna cevabı şöyle olmuş: "İkisi de olabilir, hattâ Hakikat Yolu'nda olduğunu gizlemek için meslek edinmek de buna dahildir; örneğin, bazı veliler aşkı anlatan şiirler yazar ve insanlar bu aşkı şehevi aşk zannederler. Kimisi ticarete girer (örneğin, eczacı olan ve çarşıda dükkân açan Baba Ferîdüddin Attâr); kimisi edebi meseleler üzerine yazılar yazmaya odaklanır; diğerleriyse farklı meslekler edinebilir. Tüm bunlar gerçekte 'ne olduklarını' gizlemek içindir. Gizlenmelerinin sebebi ise dünyevi insanların kendilerine musallat olmasını önlemektir. İçlerinde başka bir grup vardır ki, dünyevi zihniyete sahip insanlar kendilerini rahat bıraksın diye toplumun tasvip etmediği davranışlar sergilerler. Nitekim, Hz. Muhammed'in 'Allah Gerçek Takva Sahiplerini gizlemiştir,' dediği rivayet edilir. Dolayısıyla, Hakikat Yolu'nda yürüyen insanlar rahat bırakılmak için türlü yollara başvururlar, çünkü dünyevi zihniyetteki –tek amaç ve hedefleri her ne koşulda olursa olsun maddi çıkarlarını sağlamak olan– insanlar tarafından yollarına sürekli taş konulmaktadır. Bu insanlar menfaatleri uğruna mistik ve manevi dünyayı ve Ezelden Beri Var Olmuş Olan, Şimdi Var Olan ve Ebediyen Var Olacak Olan'ın aşkını gözden çıkarırlar." Sonrasında Mevlânâ şu satırları okumuş:

"Bilirler her şeyi her zaman,
    Ancak saklanmaya ve aramaya devam ederler.
Dünyevi göz ile bakana
    Olduklarından başka görünürler.
Aslında bir an bile çoğu
    Görmez onları oldukları gibi
Manevi ışıkta süzülürken
    Mucizeler yaratırlar
Ancak kimse bilmez onların
    Kim olduklarını.
Bazen Küçük Azizler, Abdallar bile
Tam bilemez ne olduklarını
    İçleri dışları
    Muammadır herkese."

## "ÖLMEDEN ÖNCE ÖLÜNÜZ"

Yine bir rivayete göre, Mevlânâ oğluna şöyle demiş: "Eğer insanlar sana hangi yolda olduğunu sorarlarsa, 'Benim yolum çok az yemekten geçer, hattâ ölmekten; yani hiç olup Allah'ın nuruna karışmaktan,' de." Sonra hemen bir Derviş'in hikâyesini anlatmaya başlamış. Bu Derviş bir evin yakınına gelerek su istemiş. Kapıya çok güzel bir kız çıkmış ve adama boş bir tas uzatmış. Derviş, "İçmek için biraz su istiyorum," demiş. Kız ise, "Ben cevabımı verdim. Derviş dediğin bütün gün yiyip bütün gece uyumaz; gerçek takva sahibi çoğu gece aç uyuyup gündüzleri hiçbir şey yemeyendir," diyerek adamı göndermiş. Bir başka İranlı bilge ise, "Sadece ve sürekli yemek için yaşamak değil, hayatta kalmak için yemek gerek," demiştir. Mevlânâ, kızla karşılaşmasından sonra Derviş'in son nefesine kadar bir daha asla gündüzleri yemek yemediğini söylemiş.

## BENZER SONUÇLAR BENZER SEBEPLERDEN GELİŞİR

Dükkân sahibinin biri dükkânında bir papağan besliyormuş.

Bir gün kedinin biri bir yağ tenekesini devirip kaçmış.

Tüccar dükkâna döndüğünde yağı kuşun döktüğünü düşünmüş ve kuşa öyle bir vurmuş ki kafasındaki bütün tüyler dökülmüş.

Bir zaman sonra oradan geçmekte olan kel bir adamı gören papağan bağırmış:

"Sen hangi yağı döktün?"

## BANA BÜTÜNÜ VER, PARÇALARI DEĞİL

Adamın biri dövmeciye gitmiş ve aslan dövmesi yapmasını istemiş.

Ancak bu adam ödleğin tekiymiş. İlk iğne darbesini hissettiği gibi sormuş:

"Aslanın neresini yapıyorsun şu an?"

Dövmeci "Kuyruğunu," demiş.

Adam bağırmış: "Tamam, kuyruğu olmasına gerek yok, başka bir yerini yap."

Dövmeci denileni yapmış. Fakat adam yine acıyla bağırmış.

Bu durum böyle devam etmiş. Sonunda dövmeci, hiçbir parçasını çizmesine izin vermeyecekse aslan dövmesi yaptırmanın imkânsız olduğunu söyleyerek pes etmiş.

# KRAL VE CARİYE

Bir zamanlar bir Kral bir cariyeye âşık olmuş. Cariyeyi satın almış, ancak kız hasta düşmüş, hiçbir doktor onu iyileştiremiyormuş. Çünkü hepsi çok dik başlıymış ve tedaviye başlamadan önce "inşallah" demiyorlarmış.

Bir gün Kral rüyasında yardıma birinin geleceğini görmüş. Çok geçmeden saraya gelen bir yabancı kızı iyileştirmeyi teklif etmiş.

Garip doktor hastanın başucuna oturduğunda önceki doktorların kibrinin kızın ruhsal durumunu görmelerini engellediğini fark etmiş.

Kızın günden güne erimesinin sebebinin âşık olması olduğunu anlamış. Dolaylı sorular sorarak bir şekilde kızın Semerkant'taki bir kuyumcuya âşık olduğunu öğrenmiş.

Kral'a gizlice "Hastalığa çare bulmak için kuyumcuya hediyeler vaat ederek onu buraya çekmelisiniz," demiş.

Kral adamın aklını çelmek için dalkavuklarını göndermiş. Açgözlü kuyumcu saraya gelmiş ve kızla evlenmiş.

Altı ay içinde kız iyileşmiş.

Ancak garip doktor kuyumcuya özel bir içecek hazırlamış ve bu içecek kızı kuyumcudan soğutmuş.

Kuyumcu ölmüş ve ölmesiyle birlikte kızın da ona olan duyguları yok olmuş.

Bu hikâye sizi dehşete düşürmüş olabilir ancak hikâyenin tamamını bilmiyorsunuz...

## SEVGİLİLER

Halife, Leyla'ya şöyle demiş:

"Mecnun nasıl sana divane oldu, diğer kadınların çoğundan daha güzel değilsin?"

"Diline hâkim ol," demiş Leyla, "sen Mecnun değilsin".

Bir insan etrafındaki şeylere karşı ne kadar uyanık olursa, aslında o kadar uyuyor demektir ve uyanıklığı uykusundan beterdir.

## ÇALINTI YILAN

Bir adam bir yılan yakalamış ve başka bir adam da yılanı ondan çalmış.

Yılan hırsızı ısırmış ve adam ölmüş.

Böylece ilk adam yılanın zehrinden kurtulmuş.

İkinci adam ise arzusuna (yılanı çalmak) ulaşmış ancak dileğinin gerçekleşmesinin sonucu ölüm olmuş.

## İSA VE İSİM

Hz. İsa ile birlikte yürüyen bir adam yerde kemikler görmüş.

Hz. İsa'dan kendisine ölüyü diriltmeyi öğretmesini istemiş.

Hz. İsa şöyle cevap vermiş: "Bu sana göre bir iş değil. Sen kendine doğru düzgün bakmamışsın, bir de başkasını canlandırmak istiyorsun."

## SUFÎ VE EŞEK

Gezgin bir Sufî başka sufîlerin misafiri olmuş. Kendisini güzelce ağırlamışlar ve o da hizmetkârlardan eşeğine bakmalarını istemiş.

Hizmetkârlara eşekle nasıl ilgilenmeleri gerektiğini, nasıl tımar edeceklerini ve besleyeceklerini öyle detaylı bir şekilde anlatmış ki hizmetkârlar sonunda sinirlenmiş ve bu kadar tembihe gerek olmadığını söylemişler.

Ancak bu, Sufî'yi durdurmamış ve tekrar tekrar eşek için ne yapmaları gerektiğini ısrarla anlatmaya devam etmiş.

O gece uykusunda çok huzursuzmuş çünkü rüyasında eşeğinin başına kötü bir şey geldiğini görüyormuş.

Sabahleyin hayvana binip yola çıkmış ancak çok geçmeden eşek yere yığılmış, çünkü bütün itirazlarına rağmen ihmalkâr hizmetkârlar hayvanla ilgilenmemişler.

(Sufî onlara güvenemeyeceğini hissetmiş ve haklıymış. Hizmetkârlarsa işlerini iyi yaptıklarını, öğüde ihtiyaç duymadıklarını düşünmüşler ve haksızmışlar.)

## YAŞLI KADIN VE DOĞAN

Kral'ın doğanı bir gün saraydan kaçarak yaşlı bir kadının evine gitmiş.

Yaşlı kadın daha önce hiç doğan görmemiş, o yüzden gagasının uzunluğunu ve kıvrıklığını sakatlık sanmış. Kanatlarının fazla uzun olduğunu düşünmüş. Kuşlarla ilgili kendi tecrübelerinden yola çıkarak doğana bakmaya çalışmış.

Kral sonunda doğanı bulmuş ve bu hâle düşmesinin sebebinin doğanlardan anlayan biriyle değil de –her ne kadar iyi niyetli de olsa– cahil bir ihtiyarla yaşamayı seçmesi olduğunu söylemiş.

# BİLGE VE HELVA

Bilge bir sufî paranın nereden geldiğine bakmadan bütün parasını hayır işleri için su gibi harcıyormuş ve bu yüzden hep borç içindeymiş.

Nihayet ölüm döşeğindeyken borçlu olduğu insanlar etrafına toplanıp borçlarını ödemesini istemişler.

Bilge sokaktan geçen helvacı çocuğun sesini duymuş ve elindeki bütün helvayı satın almak için haber göndermiş.

Helva alacaklılar arasında bölüştürülmüş. Sıra helvanın parasını ödemeye geldiğinde ise Sufî hiç parası olmadığını, zaten ölmek üzere olduğunu söylemiş.

Helvacı çocuk üzülmüş ve bütün sufîleri ve âdetlerini lanetlemiş.

Bu olay üzerine alacaklılar çocuğu teselli etmeye ve kötü adam belledikleri Sufî'ye yönelik acı sitemlerinin şiddetini arttırmaya başlamışlar.

Bilge Sufî bunlara aldırış etmemiş. Zaman geçmiş.

Günün ilerleyen vakitlerinde, Şeyh'in hayranlarından birinden bütün borçları ödeyecek kadar yüklü bir bağış gelmiş.

Sözlerinden pişman olan alacaklılar Şeyh'ten kendilerine bu olaydan çıkaracakları dersi anlatmasını istediklerinde Şeyh, paranın alacaklıların isteklerine ve ihtiyaçlarına cevaben gelmediğini söylemiş. "Helvacı çocuk eğer bu kadar yürekten haykırmasa idi bu para asla gelmezdi," demiş.

## İNEK VE ASLAN

Adamın biri bir gün ineğini bir barakaya koymuş. Bir aslan gelmiş, ineği yemiş ve yerine geçmiş.

Adam geri geldiğinde baraka karanlıkmış, o yüzden el yordamıyla ineği yoklamış. Adamın elleri aslanın her yerine dokunmuş ama o kendi evcil hayvanına dokunduğunu sanmış.

Aslan içinden "Gerçekte kim olduğumu bilse bana dokunmazdı. Dokunabilmesinin tek sebebi karanlık olması ve benim evcil hayvanı olduğumu düşünmesi," demiş.

## SUFÎ VE UŞAK

Sufînin biri, sufîlerin yaşadığı bir köye gelmiş ve eşeğini ahırlarına bağlamış.

Köyün sakinleri beş parasızmış, o yüzden eşeği götürüp satmışlar.

Parasıyla türlü pastalar börekler alıp şanslarına sevinerek dans edip şarkı söylemişler.

Misafir sufî insanların neşesinden ve misafirperverliklerinden etkilenip aralarına katılmış ve onlar gibi tekrar tekrar "Eşek gitti!" diye bağırmış.

Ertesi sabah yoluna devam etmek isteyen Sufî etrafta kendi uşağından başka kimseyi görememiş. Uşağına eşeği getirmesini söylemiş.

Uşak sufîlerin eşeği götürdüğünü söylemiş.

"Neden bana söylemedin, sana emanet etmedim mi ben onu?" diye kızmış Sufî.

"Defalarca söylemeye yeltendim, ancak ne zaman yanınıza gelsem 'Eşek gitti' diye bağırıyordunuz, o yüzden ben de olan biteni zaten biliyorsunuz sandım," demiş uşak.

Sufî kaybına sebep olanın taklitçiliği olduğunu anlamış.

# MÜFLİS VE DEVE

Adamın biri iflah olmaz bir müflis imiş.

Sürekli, kendisinin güvenilmez olduğunu bilmeyen insanlardan borç alırmış. Bunun üzerine, yaşadığı kasabadaki hâkim, adamın sokak sokak dolaştırılmasını, bir yandan da dolandırıcılığının ve kendisine güvenilmemesi gerektiğinin yüksek sesle ilan edilmesini emretmiş.

Kürt bir oduncunun devesini alıp müflis adamı bütün gün dolaştırmışlar ve hâkimin kararı bütün kasabaya ilan edilmiş.

Durum herkesin anlayabilmesi için farklı dillerde beyan edilirken, Kürt de bütün gün bu alayın peşinde dolaşmış.

Olay bitip müflis nihayet deveden indiğinde Kürt devesini kullandığı için adamdan ücret talep etmiş.

"Bütün gün neredeydin?" diye sormuş müflis. "Milletin dediklerini duymadın mı, ben kullandığım hiçbir şeyin ücretini ödemem."

## SU VE SUSAMIŞ ADAM

Susuzluktan ağzı kurumuş bir adam bir dere kenarına gelmiş.

Ancak suya erişemiyormuş çünkü önünde aşılmaz bir duvar varmış.

Duvardan bir tuğla söküp suya fırlatmış. Tuğlanın suda çıkardığı ses kulağına çok hoş gelmiş. Tuğlaları ardı ardına söküp atmaya başlamış. İnsanlar neden böyle yaptığını sormuşlar.

"İki sebebi var," demiş. "Birincisi suda çıkardıkları şıpırtı sesini seviyorum; susamış biri için müzikten farksız. İkincisi ise, duvardan söktüğüm her bir tuğla beni suyun seviyesine yaklaştırıyor."

İnsan ne kadar çok susarsa suyun sesine o kadar hasret kalır ve duvardan tuğlaları o kadar hızlı söker.

## DELİ ZÜNNUN

Zünnun'un davranışları sıradan insanlara öylesine çılgınca geliyormuş ki, sonunda onu akıl hastanesine kapatmışlar.

Bazı dostları nasıl olduğunu görmek için akıl hastanesine onu ziyarete gelmişler.

Dostları Zünnun'un bilerek böyle davrandığını, insanlara bir ders vermeye çalışıyor olabileceğini düşünüyorlarmış.

Zünnun dostlarını görünce bağırıp çağırmaya başlamış, kim olduklarını sormuş ve onları tehdit etmiş.

Onlar da dostları olduklarını ve nasıl olduğunu görmeye geldiklerini, deli olduğuna inanmadıklarını söylemişler.

Zünnun üzerlerine taşlar ve sopalar atmaya başlayınca dostları gerçekten deli olduğuna inanıp kaçmışlar.

Bunun üzerine Zünnun gülmüş ve şöyle demiş:

"Deli olmadığımı, sadece deli taklidi yaptığımı anladıklarını sanıyorlar; ancak beni deli taklidi yaparken görünce de benim gerçekten deli olduğuma inanıyorlar."

## BİLGE VE UYUYAN ADAM

Adamın biri ortalık yerde uyurken ağzından içeri tehlikeli bir sürüngen girmeye başlamış.

At üstünde giden bir bilge buna şahit olmuş. Adam sürüngeni tamamen yutmadan engel olmaya çalışmış ama çok geç kalmış.

Bunun üzerine uyuyan adamı uyandırmak için ona okkalı bir tokat yapıştırmış. Sonra adamı acımasızca dibi çürüyen meyvelerle dolu bir ağacın altına sürüklemiş.

Adam tıka basa dolana kadar bu çürük meyveleri yemeye zorlamış.

Adam ağlayıp sızlanıyor, bu muameleyi hak edecek ne yaptığını soruyormuş.

Atlı daha sonra adamı ayakları su toplayana kadar atın önünde koşmaya zorlamış. Saatlerce bu şekilde koştuktan sonra adam nihayet kusmaya başlamış ve bütün yediklerini çıkarmış. Böylelikle, bu muamelenin gerçek sebebi olan korkunç şeyi görmüş.

# AYI

Adamın biri bir gün bir ayının hayatını kurtarmış. Adama müteşekkir kalan ayı onun yanından ayrılmaz olmuş.

Adam yorulunca yanı başında ayıyla birlikte uyumak için uzanmış.

Oradan geçmekte olan biri dikkatli olmasını, aptalın dostluğunun düşmanlıktan beter olduğunu söylemiş.

Ancak birinci adam ikincisinin kendisini kıskandığını düşünüp sözlerine aldırış etmemiş. Hattâ kendisini sadık bir yoldaşın himayesinden mahrum bırakmaya çalıştığını bile düşünmüş.

Ancak adam uzanıp uykuya daldığında, sineklerin yaklaştığını gören ayı eline bir taş alıp sineklere vurmaya çalışmış ve bunu yaparken de canını kurtaran adama vurup adamı öldürmüş.

# BAHÇIVAN VE ÜÇ ADAM

Bir bahçıvan bahçesine izinsiz giren üç adam görmüş. Bu kişiler kötü insanlarmış: bir avukat, sahte bir Şerif (Hz. Muhammed'in soyundan gelen kimse) ve sahte bir Sufî.

Bahçıvan bu üçünün birlikteyken çok güçlü olduklarını ve onlarla başa çıkamayacağını anlamış. O yüzden aralarında ihtilaf yaratıp onları birbirlerinden ayırmaya karar vermiş.

Sufî'ye dönüp eve gitmesini ve oturmaları için bir kilim getirmesini söylemiş.

Sözde Sufî dediğini yapmaya gitmiş ve bahçıvan diğer ikisine dönerek şöyle demiş:

"Biriniz hukukçu, diğerinizse Şerif. Birinizin beyanları sayesinde ekmeğimizi kazanıyoruz ve ilmi sayesinde kanatlanıyoruz.

Diğerinizse prensimiz, bir hükümdar, Hz. Muhammed'in ailesinden bir Şerif.

Peki, bu açgözlü rezil Sufî kim oluyor da sizin gibi saygın kişilere yoldaşlık ediyor? İtiraz edin. Birazdan geri geldiğinde gönderin gitsin. Sonra bahçemde bir hafta kalabilirsiniz."

Sufî'yi yollamışlar ve peşinden giden bahçıvan, "Sufîlik sana bahçeme girme hakkı veriyor mu?" diyerek adamı sopayla dövmüş.

Sufî arkadaşlarına dönüp "Dikkatli olun, benim kötü olduğumu düşünüyorsunuz ancak bu adam kadar kötü olamam..." demiş.

Sufî'yi aradan çıkaran adam, bu sefer Şerif'e dönüp "Haşmetmeap, evde yiyecek bir şeyler olacaktı. Gidin ve hizmetçilerden isteyin," demiş.

Şerif gidince avukata dönüp "Şerif'in sahtekâr olduğunu anlamamış olamazsın," demiş. "Söyledikleri kendi zihninin uydurması; Peygamber'in soyundan geldiği de doğru değil." Avukat onu dinlemiş.

Böylece bahçıvan Şerif'in yanına gidip hakaretler etmeye, onu hırsızlıkla suçlayıp Peygamber'in torunlarına çalma hakkını kimin verdiğini sormaya başlamış.

Şerif avukata dönüp "Ben Şerif değilsem bile senin kadar kötü olamam, çünkü beni bu lanet herife yem ettin," demiş.

Böylece avukatla baş başa kalan bahçıvan "Senin hukuk anlayışına göre benden çalmak serbest mi, seni gidi hırsız? Sana bu yetkiyi kim verdi?" demiş.

Avukat cevap vermiş:

"Haklısın, beni dövsen de yeridir, çünkü arkadaşlarını terk eden bu bedeli hak etmiştir."

## HAYAT KADINIYLA EVLENEN DERVİŞ

Yüce bir Seyyid, derviş cübbesini giyen kişiye "Eğer bir fahişeyle evlenmek için bu kadar acele etmeseydin ve planlarından bana da bahsetseydin, sana el değmemiş bir kadın bulurduk," demiş.

Derviş cevap vermiş:

"Şimdiye dek el değmemiş dokuz tane kadınla evlendim ancak hepsi hafifmeşrep kadınlara dönüştükçe üzüldüm.

O yüzden bu seferkiyle bile bile evlendim. Bakalım ne olacak? Mantıkla gidebildiğim yere kadar gittim. Artık mantıksızlığı deneyeceğim."

## KRALIN DOĞANI VE BAYKUŞLAR

Bir zamanlar Kral'a ait asil bir doğan varmış. Bir gün uçarken yorulan doğan, dinlenmek için bir harabeye konmuş. Fakat bu harabe bir baykuş sürüsüne aitmiş ve doğanın varlığı hiç hoşlarına gitmemiş.

Baykuşlar bu asil hayvana saldırınca doğan kendilerine zarar vermek niyetinde olmadığını, sadece bu bölgeden geçmekte olduğunu söylemiş.

Ancak baykuşlar hep bir ağızdan "Sözlerine aldanmayın! Bir Kral'ın bununla ne işi olur? Dalavereyle bizi yuvamızdan etmek için yalan söylüyor!" diye bağırmışlar.

# ZİHNİN MANİPÜLASYONU

Bir zamanlar okul çağında olan bir grup erkek çocuk varmış. Bu oğlanlar çok tembelmiş ve derslerden kaytarmak istiyorlarmış. Biri öğretmenlerine ne kadar korkunç göründüğünü söyleyerek onu hasta etmeyi önermiş.

Böylelikle, öğretmen sınıfa girdiği zaman çocuklar birbiri ardından öğretmenin ne kadar hasta göründüğünü söylemişler. Öğretmen başta çocuklara yanıldıklarını, sıhhatinin gayet yerinde olduğunu söylemişse de hasta göründüğünü –güya samimi bir şekilde– söyleyen çocukların sayısı arttıkça kendisini hasta hissetmeye başlamış.

Evine dönen öğretmen eşine kendisinde bir sorun olduğunu söylemiş. Eşi yanılıyor olabileceğini söyleyince ısrarla ölmek üzere olduğunu söylemiş ve yataklara düşmüş. Hattâ eşini de acısına kayıtsız kalmakla suçlamış.

# AŞK ŞİİRLERİ

Sevgilisini ziyaret eden bir âşık ona yazdığı şiirleri yanında getirmiş ve uzun uzun okumaya başlamış. Şiirlerde onunla ilgili düşüncelerinden ve cazibesinin ve güzelliğinin onda uyandırdığı hislerden bahsediyormuş.

Sevgilisi sonunda şöyle demiş:

"Yanı başımda olmana ve güzelliğimi yakından görebiliyor olmana rağmen hâlâ beni değil, kendini yansıtan duygulardan bahsetmekte ısrar ediyorsun.

Ben senin nesnen değilim: Kendi duygularının nesnesi olan sensin. İkimizin arasındaki engel sensin."

# KRALIN KÖLESİ

Bir zamanlar Kral'ın bir kölesi varmış. Bu köle Kral'a öyle derinden bağlıymış ki ne zaman Kral'ın huzuruna çıksa bayılırmış. İnsanlar da bu kölenin Kral'ın gözdesi olduğunu biliyorlarmış, bu yüzden Kral'a ulaştırmak istedikleri hediyeleri ona veriyorlarmış. Ayrıca dilekçe ve başvuruları da ona veriyorlarmış ve o da Kral'a iletme umuduyla bunları çantasına koyuyormuş. Ancak ne zaman kendini Kral'ın huzurunda bulsa ihtişamından öyle etkileniyormuş ki, bayılıp yere düşüyor ve orada öylece baygın yatıyormuş. O yere düşünce Kral da çantayı alıp içine bakıyor, bütün hediyeleri çıkarıyor, dilekçeleri okuyor, cevaplıyor ve kölenin sürece hiçbir katkısı olmasa da insanların dileklerini yerine getiriyormuş. Bu şekilde köle, dilekçeleri kendisi sunmak zorunda kalmıyormuş ve Kral'a bu kadar büyük hayranlık duymasının, dilekçelerin akıbeti açısından bir önemi olmuyormuş.

Kral'ın başka köleleri de varmış ve onlar da Kral'a çok saygı duyuyorlarmış. Saygılarının büyüklüğünden neredeyse hiç dilekçe sunamıyorlarmış. Bazen zar zor sunduklarında ise neredeyse hiçbiri kabul edilmiyormuş.

# BİLGE ÖĞRETMENİN HİKÂYESİ

Bir zamanlar çok bilgili bir öğretmen varmış. O kadar fakirmiş ki, en soğuk havalarda bile sadece ince bir gömlek giyermiş. Bir gün bir ayı ırmağın içinde sürüklenerek dağlardan aşağı inmiş. Sadece kafası suyun üstünde olacak şekilde ırmakta yüzüyormuş. Sadece ayının kafasındaki kürkü gören ve öğretmenlerinin paltosu olmadığını bilen öğrenciler, "Bakın, ırmakta bir kürk palto var; sizin de paltoya ihtiyacınız var. Neden gidip onu almıyorsunuz?" demişler. Öğretmen çok üşüyormuş, o yüzden ırmağa dalmış ve kürkü yakalamış. Ayı da onu yakalamış ve suyun ortasında bir kavga başlamış.

Öğrenciler bağırmışlar: "Bırakın gitsin, çıkın sudan."

Öğretmen de bağırmış: "Ben bıraktım ama o beni bırakmıyor."

## HİNDİSTAN'DAN GELEN ARAYICININ HİKÂYESİ

Hindistan'dan bir arayıcı bir evliyayı ziyarete gelmiş ve evliyanın yaşadığı yerin kapısına vardığında içerden şöyle bir ses gelmiş: "Geri dön, amacına ulaştın ve sadece kapıma gelerek yeterince fayda sağladın. Beni görebileceğin noktaya gelirsen hepsini kaybedeceksin. Benzer bir şekilde, küçük bir muhabbet önemli bir ders barındırabilir, tıpkı muma dokunan ve onu yakan alev gibi. Bu kadarı yeterlidir ve gereğini karşılamıştır. Eğer fırın alev alsaydı yani alev alacak kadar çok ısınsaydı, hiçbir işe yaramaz hâle gelirdi. Gereğinden fazla sıcak olurdu."

www.ingramcontent.com/pod-product-compliance
Lightning Source LLC
Chambersburg PA
CBHW031451040426
42444CB00007B/1049